Reinhold Ruthe
Lebenslügen, die wir verinnerlicht haben

Der Autor

Reinhold Ruthe, geboren 1927, ist verheiratet mit Char-
lotte, mit der er die erste deutsche Eheschule gründete. Er
ist Eheberater und Psychotherapeut für Kinder und Jugend-
liche und leitete bis 1990 eine evangelische Familienbera-
tungsstelle. Später Dozent für Psychologie und Pädagogik
an zwei staatlichen Fachschulen. Er gründete mit Frau und
Tochter das Magnus-Felsenstein-Institut für beratende und
therapeutische Seelsorge und ist Autor von über hundert
Büchern.

Reinhold Ruthe

Lebenslügen, die wir verinnerlicht haben

Was uns in die Irre führt.
Und was uns frei macht.

BRUNNEN
Verlag Basel · Giessen

Bibliografische Information der Deutschen Nationalbibliothek
Die Deutsche Nationalbibliothek verzeichnet diese Publikation in der
Deutschen Nationalbibliografie; detaillierte bibliografische Daten sind im
Internet über www.dnb.de abrufbar.

© 2013 by Brunnen Verlag Basel
Umschlag: spoon design, Olaf Johannson, Langgöns
Foto Umschlag: Barbol/Shutterstock.com
Foto Umschlagseite 4: Fotovika/Shutterstock.com
Satz: InnoSet AG, Justin Messmer, Basel
Druck: Aalexx, Großburgwedel
Printed in Germany

ISBN 978-3-7655-4215-2

Inhalt

Vorwort

Es ist erstaunlich, wie oft wir Christen uns selbst belügen, und wie oft wir unsere Einsichten und logischen Überzeugungen für wahr halten. Manchmal glaube ich, dass diese mehrheitlich unbewussten und versteckten Selbsteinreden schwerer zu korrigieren sind als Lügen, die wir klar als Unwahrheiten vor Gott erkennen. Diese gewonnenen Überzeugungen führen ein eigenwilliges Leben, und der große Widersacher versteht es meisterhaft, sich hinter diesen in der Regel falschen Einsichten zu verstecken.

Woran liegt das?
  Unsere *Lügen*,
  unsere *Logik*,
  unsere *Selbsttäuschungen*,
  unsere *Überzeugungen*,
  unsere *Selbsteinreden* und
  unsere *Selbstindoktrinationen* – all dies sind Umschreibungen für Lügen, die wir für wahr halten – haben uns von früher Kindheit an derart geprägt und beeindruckt, haben unsere Persönlichkeit derart strukturiert, dass wir von bestimmten Erlebnissen dahingehend beeinflusst wurden, dass sie für uns gültig sind.

Es gibt viele Möglichkeiten, an Lügen zu glauben, von Lügen beherrscht zu werden und für Lügen den Kopf hinzuhalten. Darüber möchte ich mich auf den folgenden Seiten dieses Buches mit Ihnen unterhalten.

Von zwei Lügen, die ich verinnerlicht hatte, möchte ich Ihnen berichten, obschon sie mir äußerst peinlich sind.

Ich ging als Kind unter der Hitlerdiktatur im Dritten Reich zur Schule. Meine Eltern verhielten sich dem Regime gegenüber angepasst, und aus heutiger Sicht würde ich sie als Mitläufer bezeichnen. Wir hörten die Nachrichten aus dem Volksempfänger, den Hitler für dreißig Reichsmark in Massen auf den Markt brachte.

Mir ist als Kind und Jugendlicher nie klar geworden, dass das Gerät nur über zwei Sender verfügte, welche die braune Diktatur rücksichtslos ausnutzte, um ihre einseitigen Nachrichten zu verbreiten. Eine kritische oder sogar oppositionelle Berichterstattung gab es nicht.

Auch meine Eltern stellten meines Wissens diese Nachrichten nie in Frage. Auch im Bekannten- und Freundeskreis kann ich mich an ernste Kritik oder eine Infragestellung des Dritten Reiches nicht erinnern. Wir nahmen hin, was entschieden wurde, wir akzeptierten, was gesagt und geschrieben wurde.

Bis zur Kriegsgefangenschaft habe ich nicht gelernt, die Ideologie Hitlers zu hinterfragen. Ich habe nicht gelernt, die Artikel in Zeitungen auf ihre Wahrhaftigkeit zu überprüfen. Mir fällt im Nachhinein kein Ereignis ein, das ich ernsthaft in Frage gestellt hätte.

Zwei Lügen greife ich heraus, an die ich als Kind und Jugendlicher fest geglaubt habe: «Die Juden stinken.» Und: «Die Fahne ist mehr als der Tod.»

Wie diese Indoktrinationen in Herz und Hirn gelangt sind, kann ich nicht mehr genau nachvollziehen. Gegner und Feinde des Dritten Reiches wurden gnadenlos isoliert, eingesperrt und entsorgt. Sicher habe ich davon gehört, aber ich fand – ohne ein überzeugter Anhänger des Regimes gewesen zu sein – die Haltung und Entscheidung der Regierung richtig.

Juden hatten eine schlechte Presse. Sie wurden für tausend Probleme verantwortlich gemacht. Sie waren die Feinde des Volkes. Sie waren das Krebsgeschwür im arischen Organismus. Und sie stanken angeblich. Ich schäme mich, es geglaubt zu haben.

Die zweite Lüge, «Die Fahne ist mehr als der Tod», wurde mir bei den Fahnenappellen eingeimpft, wenn ich als Realschüler mit anderen um den Fahnenmast stand, die Hände zum Hitlergruß erhoben. Ein «zackiges Lied» wurde laut geschmettert. Irgendwelche nationalen Sprüche wurden zitiert. Wie oft wurde inbrünstig der Satz wie ein Gebet gesprochen: «Die Fahne ist mehr als der Tod.»

Kommentarlos habe ich diesen Satz mitgesungen, mitgeschrien und mitgeglaubt. Erst in der Kriegsgefangenschaft sind mir der Unsinn und das Mörderische dieses Gedankens bewusst geworden. Noch heute schäme ich mich, als naiver Jugendlicher auf diese verwerflichen Parolen hereingefallen zu sein. Mit dieser verinnerlichten Lüge konnten Menschen für Kriegszwecke missbraucht und zu willenlosen und gefügigen Helfershelfern zugerichtet werden.

Auf diese Lügen hereingefallen zu sein, ist einer der Gründe, dieses Buch zu schreiben. Seit der Kriegsgefangenschaft hat mich dieses Thema immer wieder gereizt. Besonders als Christ bin ich erschüttert, wie viele Menschen, auch Christen, wider besseres Wissen an Lügen glauben, die sich in Herz und Hirn eingenistet haben.

Wie können Menschen sich Lügen einreden, an die sie glauben?

Wie ist es möglich, dass unser Gehirn uns einen Streich spielt?

Wie bilden sich Unwahrheiten, Vorurteile, falsche Selbsteinreden und unwahre Rechtfertigungen heran?

Denn viele Lügen, für die wir ernsthaft eintreten und von denen wir fest überzeugt sind, gehören zu den Hauptgründen,

- warum Kriege die Menschheit ruinieren,
- warum sich Menschen missverstehen,
- warum Finanz- und Wirtschaftskrisen Staaten in die Insolvenz treiben,
- warum viele Konflikte nicht gelöst werden können,
- warum Ereignisse, die der Einzelne so und nicht anders bewertet, das Zusammenleben in Ehe, Familie und in der Gesellschaft so schwer machen.

In der Seelsorge- und Beratungspraxis begegnen mir laufend solche Lügen und Selbsttäuschungen, an denen der Ratsuchende hängt, die das Miteinander aber erheblich stören.

Dieses Buch will Wege aufzeigen,

- wie solche Überzeugungen *verändert,*
- wie solche hartnäckigen Prägungen *überwunden* und
- wie solche lästigen Lügen *abgelegt* werden können.

Ich hoffe zuversichtlich, dass uns die Einsichten in unseren Lebensstil, in unsere fordernden Lebensüberzeugungen, weiterhelfen. Wir können lernen, dass solche Lügen, die uns fest im Griff haben, sich als Sünden erweisen. Wir begreifen, dass der Durcheinanderbringer, der «Vater der Lüge», ein friedliches Zusammenleben unmöglich machen möchte. Überzeugungen, die sich in der Regel als Lügen herausstellen und die von biblischen Wahrheiten weit entfernt sind, wollen wir klar markieren und Gott bitten, dass er uns Mut machende Lösungen zeigt.

Kapitel 1
Wie kommen diese Lügen zustande?

Eine kleine Geschichte zur Einstimmung. Ich las sie in einer Sonntagszeitung.

Eines Tages besuchte ein Hund in Indien den Tempel mit den tausend Spiegeln. Er stieg die hohen Stufen mit seinem Herrn hinauf. Dann betraten beide den Tempel und schauten in die unzähligen Spiegel. Der Besitzer beobachtete seinen Hund genau, der seinen Schwanz einkniff und vor Angst knurrte. Wohin er auch schaute, er sah nur knurrende und Zähne fletschende andere Hunde. Sein Herr versuchte ihn umzustimmen. Es gelang ihm nicht. Der Hund war von seiner Einstellung überzeugt und verließ den Tempel: «Diese Welt ist furchtbar und voll von bösen Hunden. Nimm dich in Acht! Nur wenn du Abstand hältst, kommst du durchs Leben.»

Einige Tage später ging der gleiche Herr mit einem anderen Hund wieder in den Tempel mit den tausend Spiegeln. Es war der Lieblingshund seiner Frau, die ihn besonders mochte, weil er ausgesprochen menschenfreundlich und zugewandt reagierte. Er schaute auch in die vielen Spiegel, erkannte überall seinesgleichen und wedelte mit dem Schwanz. Tausend Hunde freuten sich mit ihm und wedelten liebevoll zurück. Er dachte, als er den Tempel verließ: «Die Welt ist voll von freundlichen Hunden. Jede Begegnung ist reizvoll und schön. Nur wenn du mit dem Schwanz wedelst, mögen sie dich.»

Was will uns die Geschichte sagen? «Wie ich in den Wald hineinrufe, so schallt es zurück», lautet ein bekanntes Sprichwort. Begegne ich den Mitmenschen ängstlich und misstrauisch, reagieren sie entsprechend. Sie halten sich zurück, beobachten mich lauernd und denken nicht positiv und entgegenkommend. Reagiere ich wie der zweite Hund freundlich und mit dem Schwanz wedelnd und gehe ich auf die anderen zu, kommen sie mir mit der gleichen Einstellung entgegen.

Jeder Mensch hat von Kind auf hilfreiche und weniger hilfreiche Überzeugungen gewonnen, die oft leidenschaftlich verteidigt werden.

Ein tragisches Erlebnis aus der Beratungspraxis möchte ich beisteuern. Selbstverständlich wurden die Einzelheiten verändert, so dass jeder Rückschluss unmöglich wird.

Eine junge Dame vertraut der Wahrsagerin

Eines Tages erscheint eine junge Dame in der Beratung. Sehr ernst und mit großen, geweiteten Augen sitzt sie vor mir. Sie ist sehr erregt, ihre Finger zittern, und sie stellt mir die Frage: «Mein Verlobter, mit dem ich schon ein Jahr zusammen bin, hat mir gestanden, dass er die Beziehung lösen will, weil ich verzerrte Lebensanschauungen hätte. Was soll ich machen?»

«Können Sie verdeutlichen, was er unter ‹verzerrten Lebensanschauungen› versteht?»

Sie legt ihre Hände zusammen und atmet schwer.

«Zuletzt hat es sich an dem Vertrauen entzündet, dass ich

fest an der Aussage einer Wahrsagerin festhalte, die mir vor einigen Monaten beschwörend geweissagt hat, dass ich den jungen Mann heiraten werde.»

Sie beugt sich vor und berichtet begeistert: «Die Dame hat in Bonn einen guten Ruf. Viele Voraussagen sind eingetroffen. Ich glaube ihr! Ich weiß, dass sie recht hat.»

«Und ihr Verlobter?», frage ich.

«Er kann das nicht nachvollziehen, hält alles für Lug und Trug und bleibt dabei, dass ich ihn zwingen will. Zugegeben, die Auseinandersetzungen sind immer heftiger geworden, und ich will ihn nicht verlieren! Ja, ich liebe ihn und weiß nicht, was ich machen soll, wenn er bei seinem Nein bleibt.»

«Das hört sich bedrohlich an, was Sie über sich sagen.»

Die Dame bricht in Tränen aus. Sie beugt ihren Kopf tief in ihren Schoß und weint hemmungslos.

«Warum glaubt er der Wahrsagerin nicht?», schluchzt sie.

«Vermutlich, weil ihre gegenseitige Beziehung erheblich gelitten hat!», werfe ich ein.

Sie reagiert plötzlich wütend: «Wir sind verlobt, das ist eine verbindliche Zusage. Und ich habe die Bestätigung der Wahrsagerin, daran muss er sich halten! Können Sie ihm das nicht auch vermitteln?»

Sie schaut mich flehentlich und gleichzeitig böse an.

«Würde Ihr Verlobter denn zu mir kommen?»

Sie stampft mit dem Fuß auf.

«Er muss kommen, schließlich bin ich mit ihm verlobt, und wir hatten die Heirat ins Auge gefasst!»

Ich versuche ruhig zu bleiben.

«Bitten Sie ihn, dass er mich anruft, dann verabreden wir einen Termin, wo er mich allein aufsucht.»

«Warum allein? Wir gehören schließlich zusammen!»

Die junge Dame wechselt von Verzweiflung in Aggressivität.

«Sie waren allein bei mir. Es ist hilfreich, dass auch er ein Einzelgespräch führen kann.»

Sie springt auf.

«Noch heute rede ich mit ihm. Noch heute soll er mit Ihnen einen Termin machen!»

Rechthaberisch und dennoch hilflos verlässt die junge Dame die Beratung.

Der Verlobte hat tatsächlich angerufen und sich auf ein Gespräch mit mir eingelassen. Er wirkt gefasst und hat sich seine Worte gut überlegt. Er kommt sofort zur Sache:

«Die Verlobung wird gelöst und die Beziehung beendet.»

Ich frage ihn: «Was macht Sie so sicher, dass Sie die Verlobung lösen wollen?»

Er hat keine Zweifel, als er sagt: «Sie klammert sich wie eine Hypnotisierte an die Prophezeiung der Wahrsagerin. Ihren Fanatismus nimmt sie nicht zur Kenntnis, sie will mit dem Kopf durch die Wand. Seit unserer Verlobung benimmt sie sich rechthaberisch und versucht, mich zu tyrannisieren.»

«Und Sie haben diese Eigenschaften vor der Verlobung nicht bemerkt?»

«Für meine Begriffe hat sie zwei Seelen in ihrer Brust: Sie kann sehr anhänglich und abhängig sein. Ihre Mutter ist ihre Beraterin, die alle Entscheidungen beeinflusst, auf der anderen Seite hat sie merkwürdige Grundsätze und schreckliche Vorurteile, die sie um keinen Preis aufgibt. Dann ist sie stur wie ein Panzerwagen.»

«Können Sie noch so ein Vorurteil nennen?»

«Das eine mit der Wahrsagerin kennen Sie ja schon. Das hat mir den Rest gegeben. Ein paar Mal hat sie sogar mit Schreianfällen reagiert. Ein anderes lautet: ‹Wer voreheliche

Beziehungen hat, muss heiraten, denn sie begründen die Ehe.›»

«Ist Ihre Verlobte eine bewusste Christin?»

«Davon kann überhaupt keine Rede sein. Denn der Gang zur Wahrsagerin ist ja in den Augen der Christen schon nackter Aberglaube. Und mit ihrer unumstößlichen Überzeugung, dass wir jetzt schon Eheleute sind, weil wir seit unserer Bekanntschaft sexuell verkehren, will sie mich nur festlegen.»

Der junge Mann kommt einige Tage später noch einmal, weil ihn Fragen zu ihrer Familie und zu ihrem widersprüchlichen Verhalten umtreiben.

Was macht die Beratung deutlich?

- Mindestens drei Lügen kristallisieren sich in den Gesprächen heraus:

1. «Ich glaube felsenfest, was die Wahrsagerin mir geweissagt hat!»
2. «Wir sind jetzt Eheleute, weil wir sexuell verkehrt haben!»
3. «Weil du mir mit der Verlobung die Ehe versprochen hast, musst du mich auch heiraten.»

- Und warum handelt es sich um Lügen?

Weil die junge Dame mindestens drei Behauptungen und Überzeugungen *benutzt*, um den Mann zur Ehe zu *zwingen*.

1. Es handelt sich weitgehend um unbewusste Selbstreden, die der Ratsuchenden helfen, ihren Willen durchzusetzen.

2. Sie klammert sich unverstanden an diese Selbsttäuschungen, die ihr Stärke und Durchsetzungsvermögen verschaffen sollen.

3. Beide berichten von Konflikten, die nicht mehr gelöst werden können, weil die Dame *uneinsichtig* an ihren *Selbsttäuschungen* festhält.

Insgesamt:
Es handelt sich um Lügen, die wir für wahr halten.

Die Beratung hat noch ein böses Nachspiel. Denn die Mutter, die mit den ständigen Querelen ihrer Tochter nicht fertig wurde, nahm sich das Leben.

Ein Psychiater erklärt die Entstehung von Lügen

Ratsuchende fragen immer wieder, wie diese falschen Wahrnehmungen eigentlich zustande kommen und warum sie sich so hartnäckig im Gedächtnis eingenistet haben.
Eine überzeugende Antwort gibt uns ein amerikanischer Psychiater.

Der amerikanische Arzt Dr. Chris Thurman, der für die weltweit größten psychiatrischen Kliniken der Welt in Texas arbeitet, hat die Entstehung dieser Lügen anschaulich so geschildert:

«Ihr Gehirn lässt sich mit einem Kassettenrekorder vergleichen. Es kann sowohl Botschaften aufnehmen als auch wiedergeben, und es hat Zugang zu einer persönlichen Bibliothek von Tausenden Kassetten, die jederzeit abgespielt werden können. Diese Kassetten enthalten alle Überzeugungen, Einstellungen und Erwartungen, die Sie während Ihres Lebens ‹aufgenommen› haben.

Manche dieser Kassetten in Ihrem Gehirn enthalten die Wahrheit, wie etwa ‹Man kann es nicht allen recht machen› oder ‹Das Leben ist hart›. Andere dagegen enthalten Lügen wie ‹Ich bin nur so viel wert wie meine Leistung›.

Vieler Ihrer Lügenkassetten sind schon lange vorhanden, manche sogar seit Ihrer Kindheit. Sie haben sich diese Bänder so lange angehört, dass sie mittlerweile wahr klingen, obwohl es Lügen sind.»[1]

Deutlich wird:

- Diese Botschaften beeinflussen jeden Tag unsere Gefühle, unsere Überzeugungen und unser Handeln.
- Diese Selbsttäuschungen und Erwartungen sind Lügen, weil sie nicht mit der Wirklichkeit übereinstimmen.
- Es ist schwer, die unbewussten Erwartungen, die mit diesen Überzeugungen verbunden sind und mit denen wir unbewusst Ziele verfolgen, als Lügen zu entlarven.
- Diese Selbsteinreden haben uns geprägt, haben unseren Lebensstil programmiert, haben unser Denken und Handeln beeinflusst. Warum sollten wir sie aufgeben?

Andere Forscher verschiedener Disziplinen beschäftigen sich seit Jahren mit Prozessen im Gehirn, die belegen, was vorbewusst, unbewusst und durch unzählige Einflüsse geschieht, so dass diese verinnerlichten Lügen entstehen.

Kapitel 2
Das Gehirn ist ein
hochkompliziertes Labor,
das auch Lügen produziert

Um diesen Kapiteltitel zu verstehen, ist ein kleiner wissenschaftlicher Exkurs notwendig.

Wie kommt es zu solchen menschlichen Eigenarten?

Was geschieht in unserer Persönlichkeitsstruktur?

Wie entwickeln sich unsere Lebensstile und Lebensziele, die uns im Denken, Fühlen, Glauben, Lieben und Arbeiten kennzeichnen? Was haben Neurologen, Gehirnforscher und Fachleute verschiedener Disziplinen herausgefunden?

Wie arbeitet unser Gedächtnissystem?

Die Forscher sprechen vom «autobiographischen Gedächtnis» und von «selbstdefinierenden Erinnerungen».

Was ist darunter zu verstehen?

a) Das autobiographische Gedächtnis

Es ist die Summe unserer Gedächtnisleistungen. Es produziert unsere Lebenserfahrungen in Szenen, Bildern und Erzählungen. Es umfasst das Wissen über uns selbst. Der Gehirnforscher Wolf Singer macht allerdings allen Ernstes darauf aufmerksam, dass dieses Gedächtnis, das unsere Erfahrungen und Erinnerungen gespeichert hat, auch mit Umdeutungen, mit Fälschungen und Fehlinformationen arbeitet. Singer wörtlich: «Erinnerungen sind datengeschützte Erfindungen.»[2]

Und diese «Erfindungen», an die wir glauben, sind die Lügen, die wir verinnerlicht haben. Ein Gespräch aus der Seelsorge mag das verdeutlichen.

«Im Hof haben doch Bäume gestanden!»

Ich möchte die «Umdeutung» und damit die Fehlinterpretation an einem kleinen Beispiel aus der Beratungspraxis klarmachen. Bei der Lebensstilfindung arbeiten wir üblicherweise mit sogenannten «frühkindlichen Erinnerungen». Wir wissen, dass sie häufig verfälscht sind, aber die persönliche Interpretation, die subjektive Umdeutung, ist für den Therapeuten interessant. Denn sie enthält die persönliche Stellungnahme des Ratsuchenden.

Ein etwa 45-jähriger Mann hat Eheprobleme. Er ist Direktor einer mittelgroßen Werkzeugfabrik. Als ältestes Kind von drei weiteren Geschwistern wurde er oft von seinen Eltern als Betreuer für die Jüngeren eingesetzt. Er erzählt folgende Erinnerung, die ich wörtlich mitschreibe:

«Meine Geschwister und ich spielten hinter unserm Haus im Garten. Da stehen hohe Bäume. Wir kletterten gemeinsam auf die Bäume. Mir gelang es, höher als alle meine Geschwister zu klettern. Ich bin stolz auf meinen Erfolg.»

Die gemeinsam erarbeitete Analyse lasse ich an dieser Stelle weg.

Vierzehn Tage später kommt der Mann in die Beratung. Er schaut mich fragend an und sagt: «Ich war letzte Woche bei meiner Mutter zu Hause. Als ich aus dem Fenster schaute, sah ich keine hohen Bäume im Garten und fragte meine Mutter, wo die hohen Bäume geblieben seien. Sie antwortete: ‹Da im Garten haben niemals Bäume gestanden, immer nur kleine Sträucher.›

«Aber, Herr Ruthe, ich bin doch kein Lügner! Ich habe realistisch, plastisch die grünen hohen Bäume vor meinen Augen gesehen.»

Der Ratsuchende ist über seine Fehleinschätzung und seine Lüge erschüttert. Er schilderte kurz und knapp, und zwar im Sinn des Hirnforschers Wolf Singer: «Erinnerungen sind datengeschützte Erfindungen.»

Die Analyse der Erinnerungen bei dem Mann in der Beratung brachte ans Licht, dass sein Lebensstil und die Leitmelodie seiner Grundüberzeugungen lautet: «Ich will und muss der Erste sein. Im Leben, in der Ehe und im Beruf beanspruche ich die Führungsrolle.»

In der Erinnerung muss er, im Sinne dieser Lebensgrundüberzeugungen, *über* den Geschwistern stehen. Er *erfindet* die hohen Bäume, in denen er höher geklettert ist als seine Geschwister. Die Erinnerung ist historisch einwandfrei, ist aber im Sinne des Betroffenen dem Lebensstil angepasst. So können Lügen entstehen, von denen wir ernsthaft überzeugt sind.

Das Gleiche schildert der große Psychologe und Begründer der Individualpsychologie, Alfred Adler. Auch er erzählte in einer frühkindlichen Erinnerung, dass er als kleiner Junge seinen Mut bewiesen habe und nachts über einen bestimmten Friedhof gegangen sei. Am Ende seines Lebens korrigierte Adler diese Erinnerung und gestand ehrlich, dass es diesen Friedhof gar nicht gegeben habe. Als er die Erinnerung erzählt habe, sei er aber von der Existenz des Friedhofs felsenfest überzeugt gewesen.

Das heißt:

- Unser Selbstbild verleitet uns zu «Erfindungen», die unserem Selbstverständnis gerecht werden.
- Unser Lebensstil, der unsere Grundüberzeugungen wiedergibt, verleitet uns zu Lügen, die wir für wahr halten.

b) Die «selbstdefinierenden Erinnerungen»

Die Forscher behaupten, diese Erinnerungen steuern unseren Gefühlshaushalt, unsere Beziehungsmuster, unsere Meinungen und Handlungen. Sie demonstrieren,

- was wir vom Leben erwarten,
- was wir sein wollen,
- was unsere Leitmotive verraten,
- was unsere Überzeugungen verraten,
- was unsere Konflikte und Werte beinhalten,
- was wir über Identität und Selbstbild denken.

Weil uns alle diese Wünsche, Enttäuschungen und Erwartungen bestimmen, verleiten sie uns auch – ungewollt – dazu, etwas immer wieder ungenau, fehlerhaft und verlogen darzustellen.

Der Persönlichkeitspsychologe Silvan Tomkins hat das so beschrieben, dass selbstdefinierende Erinnerungen selten allein vorkommen. Sie sind mit dem Wunsch nach Anerkennung verbunden. Er schildert Erinnerungen von Menschen, die sich traurig, vernachlässigt, übersehen und im Stich gelassen fühlen.

Tompkins macht deutlich, dass sich aus diesen Erinnerungen ein «Skript» bildet, eine Art Drehbuch für unser Leben. Tompkins wörtlich: «Erinnerungen, die um dieses Motiv kreisen, verbinden sich zu einem regelrechten Plot: ‹Ich bin schon immer benachteiligt worden, ich komme irgendwie zu kurz. Ich bleibe im Schatten.› Solche Skripts können, wie im Beispiel, eine ‹toxische› Wirkung entfalten, sie vergiften unsere Sicht auf die Dinge in Gegenwart und Zukunft.»[3]

Das heißt wieder: Unsere Erinnerungen werden im Sinne unseres Lebensstils, unserer Grundlebensüberzeugungen, verändert, vergiftet und verstellt. Bei Licht besehen werden Tatsachen so umgedeutet, dass wir streng genommen von Lügen sprechen müssen.

«Das Gedächtnis ist ein unzuverlässiger Geselle»

Das ist der erste Satz eines Beitrags von Klaus Wilhelm in «Psychologie heute». Er geht davon aus, dass Menschen, die sich körperlich verausgaben, Gedächtniseinbußen erleiden. Wörtlich schreibt er: «Allzu leicht rekonstruiert das Gedächtnis Geschehnisse, die so nie passiert sind, baut beispielsweise Leute in eine Erinnerung ein, die beim Originalerlebnis gar nicht da waren. Zudem lässt es sich von anderen Menschen bestens manipulieren. Besonders fatal kann sich das bei polizeilichen Ermittlungen und vor Gericht auswirken, wenn Zeugen Angeklagte be- oder entlasten.»[4]

Amerikanische Psychologen einer bekannten Universität heuerten für ein Experiment fünfzig Polizeibeamte an, gesunde Männer und Frauen. Nach bestimmten Bewegungsübungen, die nur eine Gruppe absolvierte, die andere ruhte derweil, sahen sich beide Gruppen ein Video an, auf dem eine Szene aus einer Einbruchsserie gezeigt wurde. Das Ergebnis: Die körperlich beanspruchten Beamten erinnerten sich wesentlich ungenauer als die ausgeruhten Beamten. Noch einmal Klaus Wilhelm wörtlich: «Wenn die Erschöpfung einsetzt, schwinden die kognitiven Ressourcen. Dann ist die Aufmerksamkeit vermindert. In diesem Fall kann auch das Gedächtnis nicht mehr richtig funktionieren.»[5]

Immer wieder wird deutlich, wie unser Gedächtnis uns einen Streich spielt. Wie es unzuverlässig und fehlerhaft arbeitet. Von daher werden Zeugenaussagen auch im Gerichtssaal äußerst kritisch bewertet. Es bestätigt sich wieder eine psychologische Erkenntnis, die wir unzählige Male schon gelesen und wissenschaftlich begründet gefunden haben:

«Wir sehen, was wir sehen wollen!»
«Wir hören, was wir hören wollen!»
«Wir deuten, wie es uns ins Konzept passt.»

Das ist eine äußerst kritische Analyse, was unsere Ehrlichkeit, unsere Wahrhaftigkeit und unsere Korrektheit angeht.

Das Bewusstsein ist der «Pressesprecher des Gehirns»

So jedenfalls behauptet es der holländische Experimentalpsychologe Ap Dijksterhuis. Denn die neuropsychologische Forschung belehrt uns mittels bildgebender Verfahren, dass die meisten Entscheidungen der Menschen *unbewusst* und nicht bewusst getroffen werden. Etwa 95 Prozent der Prozesse im Gehirn laufen unbewusst ab.

Die Gehirnforscher behaupten, elf Millionen Informationen kann das Gehirn in einem Moment gleichzeitig aufnehmen. Alle unsere Handlungen sind die Überlegung von Tausenden kleiner Ursachen, Erfahrungen in Kindheit und Beruf. Andere Einflussfaktoren sind: unsere Kultur; Menschen, mit denen wir uns umgeben; und die Medien, die wir zu Rate ziehen. Das heißt, bei fast allen Entscheidungen lassen wir uns – ohne es zu wissen – stark von unbewussten Erfahrungen, Gefühlen und unserer Umwelt beeinflussen.

Streng genommen sind wir keine Vernunftwesen, sondern Erfahrungs- und Gefühlswesen, wie uns namhafte Gehirnforscher vermitteln. Die Gefühle können nicht von der Vernunft abgekoppelt werden, sondern sind Grundlage all unseres Denkens und damit unserer Entscheidungen. Und ein amerikanischer Gehirnforscher stellt fest:

«Ihr Gehirn arbeitet im Verborgenen und serviert Ihnen Ihre fertigen Ideen in einem Akt mächtiger Zauberei.»[6]

Viele Forscher gehen heute davon aus, dass wir in Zukunft eine Revolution des Menschenbildes erleben werden. Alle Taten, alle Entscheidungen, das gesamte Rechtssystem müssen neu geregelt werden, um den ungezählten Beeinflussungen und Erfahrungen, die das Gehirn aufgezeichnet hat und mit denen es alle Gefühle und Handlungen unterfüttert, gerecht zu werden.

In Beratung und Seelsorge erlebe ich seit vielen Jahren, dass Konflikte, Missverständnisse, Probleme und schwere Zerwürfnisse viel komplizierter sind, als wir bisher angenommen haben. Einfache Antworten, die wir geben, greifen häufig viel zu kurz. Und beinhalten mehr Unrecht als Recht.

Wir haben bisher die Bedeutung unseres Bewusstseins überschätzt und die Macht des Unbewussten unterschätzt. Es geht aber nicht um zwei völlig getrennte Bereiche. Bewusstes und Unbewusstes spielen perfekt zusammen. Ähnlich ist es mit dem Zusammenspiel von Geist, Leib und

Seele. Es ist nicht möglich, die drei Bereiche klar zu trennen. Die Wechselwirkungen sind gut erforscht.

Aber es zeigt uns auch überdeutlich, dass «Erfindungen», falsche Beurteilungen, Vorurteile und schlicht gesagt Lügen unser Leben mehr beeinflussen, als wir wahrhaben möchten.

Als bewusste Christen sind wir verpflichtet, diesen vor- und unbewussten Beeinflussungen mehr und mehr Rechnung zu tragen, damit wir nicht zu falschen und ungerechten Urteilen kommen. Wenn die Bibel an vielen Stellen vom «barmherzigen Gott» redet und auch uns Menschen empfiehlt, Barmherzigkeit in seinem Namen zu üben, wird deutlich, dass der lebendige Gott in seiner Weisheit diesen hochkomplizierten Menschen durchschaut.

Sind wir Menschen Marionetten unter der Fuchtel des Gehirns?

Das behaupten frech einige Forscher, die zu den Deterministen und Hardlinern zählen. Aber so einfach liegen die Dinge bis heute nicht. Denn viele biologische und hirnorganische Befunde lassen noch keine eindeutigen Analysen zu. Das behauptet jedenfalls der Hirnforscher und Neurowissenschaftler Professor Michael Gazzaniga aus Amerika. Er schreibt im Gespräch mit Klaus Wilhelm:

«Sie treffen Entscheidungen, Sie und Ihr Gehirn. Mit Ihren bisherigen Erfahrungen, Ihren Gefühlen, Ihren Präferenzen. Da läuft etwas sehr Mechanistisches ab, wie in einer Maschine. Ja, in gewissem Sinne sind wir eine Maschine. Aber, um es gleich zu betonen: Wir sind trotzdem verantwortlich für alles, was wir machen.»[7]

Gazzaniga ist überzeugt, dass Menschen selbst mit Defekten und negativen Erfahrungen und Beeinflussungen für ihr Handeln verantwortlich sind. Hier wird die Unvollkommenheit, die Sündhaftigkeit und Mangelhaftigkeit des Menschen erkennbar. Eine vollkommene Gerechtigkeit ist auf dieser Erde unmöglich. Solange wir nicht sicher und präzise nachweisen können, welche Vorerfahrungen mit negativen Folgen Diebe, Verbrecher, Mörder, seelisch Gestörte und Kranke erlitten haben, die sich strafmildernd auswirken könnten, müssen wir unser bisheriges Rechtssystem anerkennen, das ganz sicher fehlerhaft und oft ungerecht entscheidet.

Aber dieses Wissen über die Zusammenhänge im Gehirn und im Leben eines Menschen sollte uns Christen besonnen und barmherzig machen und uns davor warnen, Betroffene vorschnell abzuurteilen. Fehlinformationen und Lügen, die wir fest verinnerlicht haben, gehören zum Leben.

Kapitel 3
Lebensstil und Lebenslügen

Der amerikanische Pastor James Bryan Smith, Mitarbeiter und Begründer einer christlichen Erneuerungsbewegung mit dem Namen «Renovare», hat einen lesenswerten Aufsatz geschrieben mit dem Titel «Das Biest in uns». Untertitel: «Warum wir uns so gern hinter einer frommen Fassade verstecken.» Wörtlich heißt es bei ihm:

«In Wirklichkeit sind Sie und ich in einem katastrophalen Zustand. Hinter unseren Masken verbirgt sich nicht unsere Schönheit, sondern ein zusammengeflicktes Ego, das lieber lügt als die Wahrheit sagt, lieber nimmt als gibt, lieber niederreißt als aufbaut [...]

Wenn ich mich selbst mit schonungsloser Ehrlichkeit im Spiegel betrachte, dann sehe ich, dass ich fähig bin, zu lügen und zu betrügen, zu stehlen, andere zu missbrauchen und Menschen zu hassen, die mehr besitzen als ich. Das fällt mir gar nicht schwer und kommt andauernd vor. Stolz, Neid, Zorn, Faulheit und Gier sind Gefühle, die mir in keiner Weise fremd sind.

Andererseits bin ich auch fähig, für jemanden ein selbstloses Opfer zu bringen, ohne das an die große Glocke zu hängen. Ich kann die Wahrheit sagen, mich anständig verhalten und für Gerechtigkeit eintreten.»[8]

Wie kommt es, dass wir Christen uns – von den Menschen ohne Gott wollen wir hier nicht sprechen – so unehrlich und selbstbetrügerisch aufführen? Wozu verstecken wir uns hinter einer «frommen Fassade»? Wozu machen wir uns gegenseitig etwas vor? Wozu übertünchen wir unser Image mit einem geistlich getarnten Make-up?

Mir geht es um Lebenslügen, die wir Christen produzieren; Lebenslügen, an die wir offensichtlich glauben. Was sind die verstandenen und unverstandenen Motive für diese Selbsttäuschungen und Selbstbetrügereien?

Was ist der Lebensstil?

Der Lebensstil beinhaltet meine Hauptlebensüberzeugungen. Er beinhaltet

- meine private Weltanschauung,
- meine subjektive Art zu denken,
- meine subjektive Art zu fühlen,
- meine subjektive Art zu handeln,
- meine persönliche Art zu lieben,
- meine persönliche Art zu kommunizieren,
- meine persönliche Art zu arbeiten,
- meine persönliche Art zu glauben.

Pessimismus, Optimismus, Aktivität oder Passivität, Harmoniesucht, Grübelzwang und Willensschwäche, all das spiegelt mein Lebensstil wider. Er offenbart auch

- meine Lebensirrtümer,
- meine irrationalen Überzeugungen,
- meine Vorurteile,

- meine eingebildeten Ängste
- und damit Lebenslügen aller Art.

Jeder von uns hat einen Lebensstil, der positive und konstruktive Lebenseinstellungsmuster enthält. Er verrät aber auch negative und destruktive Überzeugungen. Der Lebensstil beinhaltet die Summe meiner Lebensgrundüberzeugungen, die wir uns angewöhnt und zugelegt haben. Der Lebensstil verkörpert meine «Brille», die ich aufhabe, und durch die ich das Leben, die Welt, Gott und die Bibel betrachte. Die «Brille» beinhaltet meine Sichtweisen, meine Vorurteile, meine optimistische, pessimistische, reale oder völlig verzerrte Blickweise. Jeder Mensch hat einen Lebensstil, in dem auch bestimmte Lebenslügen Platz haben.

Drei Faktoren beeinflussen meinen Lebensstil

Die Faktoren sind:
Die Vererbung,
die Erziehung und die Sozialisation und
die schöpferische Kraft des Kindes.

Faktor 1: Die Vererbung

Selbstverständlich spielt die Vererbung eine große Rolle. Vitale Schwäche oder vitale Stärke sind anlagebedingt. Auch die Persönlichkeitseigenarten, wie sie die Temperamentslehre des Hippokrates schon vor Christi Geburt aufgelistet hat, charakterisieren den Menschen.

Oder ich denke an Fritz Riemann, der vor Jahren in den «Grundformen der Angst» vier tiefenpsychologische Typen beschrieben hat, die auch anlagemäßig verschieden auf Nähe oder Distanz, auf Unabhängigkeit und Abhängigkeit, auf Ordnung, Gewissenhaftigkeit und auf Großzügigkeit und Kreativität reagieren. Vielleicht sind etwa fünfzig Prozent der genannten Eigenschaften, auch Introversion oder Extraversion, anlagebedingt.

Auch Großwuchs und Kleinwuchs, Anlage zum Dicksein, Anlage zu Depressionen oder zu Zwangsstörungen sind – wissenschaftlich nachgewiesen – mitunter anlagebedingt.

Bestimmte Krankheitsdispositionen, wie Schwäche der Niere, des Herzens, der Atmung und der Verdauung, können erblich mitbestimmt sein.

Faktor 2: Erziehung und Sozialisation

Erziehung der Kinder ist eine Frage des bewussten und verantwortlichen Handelns. Unsere Großeltern hatten Erziehungsgrundsätze. Sie passten in die damalige Zeit. Aber die patriarchalischen und autokratischen Erziehungsmuster gelten nicht mehr. Erziehung heißt ja nicht: Jemanden beherrschen wollen, jemandem seinen Willen aufzwingen. Erziehen heißt: Wachstum fördern durch Vorleben und Begleiten. Die Familie hat einen unschätzbaren Stellenwert.

In der Shell-Jugend-Studie, die in diesem Jahr veröffentlicht wurde, rangiert die Familie an dritter Stelle aller angestrebten Werte der Kinder und Jugendlichen im Alter von 12 bis 25 Jahren. 85 Prozent aller Befragten sehen in der Familie einen idealen Wert.

Eltern tragen – nach Luther – eine doppelte Verantwortung. Sie sind Haushalter und damit Ebenbild der Haushalterschaft Gottes.

Auf diesem Hintergrund fällt besonders den Vätern eine sehr markante Aufgabe zu. Damals waren sie Priester in ihren Familien. Sie waren Träger des Rechts. Sie waren Lehrer der Familie, sie waren Träger des Segens und Vermittler von Werten. Im Griechischen heißt Segen *eulogia*. *Eu* bedeutet «gut», und *logos* ist das «Wort». Segnen heißt also: «Das gute Wort sagen.» Im weiteren Sinne meint es:

- Das Gute denken,
- das Positive sagen,
- das Gute tun,
- christliche Werte vermitteln.

Kinder lernen am Modell, am Beispiel, am Vorbild. Das Beobachtungslernen spielt eine große Rolle. Soziales, sprachliches und wertorientiertes Verhalten werden nachgeahmt.

Eltern und Kinder tragen gemeinsam die Verantwortung. Nicht nur die Eltern, nicht nur die Väter. Wer allein bestimmt, erzieht unmündige, verantwortungslose Kinder, die sich drücken. Kinder müssen früh lernen:

Ich halte vor Gott und Menschen meinen Kopf hin.

Ich trage für mein Tun und Lassen die Verantwortung.

Ich werde für Fehler und Vorwürfe zur Rechenschaft gezogen.

Wer andauernd die Umstände, die Situation, die Gesellschaft, die Eltern oder Gott verantwortlich macht, handelt ungeistlich. Die legitime Frage, die weiterhilft, lautet: «Herr, was willst du, das ich tun soll?» (Apostelgeschichte 9,6).

Faktor 3: Die schöpferische Kraft des Kindes

Das Kind ist keine Billardkugel, die von den Eltern beliebig hin und her geschoben werden kann. Das Kind ist in seltenen Fällen der Erfüllungsgehilfe der Eltern. «Kinder sind hervorragende Beobachter, aber schlechte Interpreten», schrieb Alfred Adler. Kinder beobachten die Eltern genau, ziehen aber häufig falsche Schlüsse.

Ein bedeutender Erziehungswissenschaftler, nämlich Rudolf Dreikurs, schrieb den bemerkenswerten Satz: «Es ist nicht wichtig, was das Kind mit auf die Welt bringt, sondern was es daraus macht.»

Kinder ziehen *Konsequenzen,*
Kinder ziehen Schlüsse aus unserem *Verhalten,*
Kinder ziehen Schlüsse aus unseren *Überzeugungen,*
Kinder ziehen Schlüsse aus unseren *Wertvorstellungen.*

Der Lebensstil zeigt die Einflüsse des Elternhauses, ist aber im Wesentlichen eine Schöpfung des Kindes. Das Kind übernimmt *positive oder negative* Verhaltensmuster. Es lernt aus Versuch und Irrtum. Es gestaltet seinen Lebensstil und seine Wertvorstellungen. Das Kind entwickelt seine «tendenziöse Apperzeption» (seine subjektive Wahrnehmung).

Es sieht, was es sehen will,
es hört, was es hören will,
es nimmt wahr, was es wahrnehmen will.

Wir sprechen auch von der selektiven Wahrnehmung. Das Kind spiegelt die Erwartungen wider, die es sich über Gott und die Welt, über Arbeit, Liebe, Beziehungen, Geld, Egoismus und Altruismus und über die gesamte Werte-Skala gemacht hat. Es *macht* Erfahrungen in erster Linie mit Eltern und Großeltern, mit Geschwistern und anderen Menschen. Und diese positiven oder negativen Erfahrungen werden kreativ in den Lebensstil, in die Persönlichkeitseigenarten oder in die Charakterstruktur eingebaut.

Über alle Entscheidungen im Leben, über Konsequenzen in der Schule, im Beruf und bei Beziehungsproblemen wird dieses Lebensstil-Raster übergestülpt. Etwa bis zum sechsten Lebensjahr haben sich etliche Hauptmuster schon ausgebildet. Selbstverständlich sind sie korrigierbar. Aber wenn keine ernstliche Gesinnungsänderung eintritt, bestreitet der spätere Erwachsene mit diesem Lebensstil, mit diesen Lebensgrundüberzeugungen dann sein gesamtes Leben.

In diesen Lebensgrundüberzeugungen sind eben auch Lebenslügen enthalten.

Sie gehören zur Grundausstattung dieses Menschen.

Die fünf Aspekte des Lebensstils

Es ist unmöglich, alle Einzelheiten eines Menschen genau zu erfassen. In Seelsorge, Therapie und Menschenführung ist das auch nicht nötig. Es geht darum, seine Hauptzüge sowie wesentliche Stärken und Schwächen zu erfassen. Die Kernaussagen der fünf Aspekte ergeben den Lebensstil-Schlüssel.

Aspekt Nr. 1: Wie sehe ich mich selbst und meine Überzeugungen?

Es geht um meine Selbsteinschätzung.

Es geht um meine Selbstwertstörungen.

Es geht um Schlussfolgerungen, die ich gezogen habe.

Es geht um meine Lebenslügen.

Es geht um Wünsche, die ich an mich habe.

Bin ich faul, fleißig, gewissenhaft, zuverlässig, loyal, zufrieden, unzufrieden, hilfsbereit, egoistisch, verwöhnt, ängstlich, überheblich, arrogant usw.?

Welche Wünsche habe ich in Bezug auf meine Werte?

- Ich sollte *ehrlicher* sein,
- ich sollte *zuverlässiger* sein,
- ich sollte *verantwortungsvoller* sein,
- ich sollte *wahrhaftiger* werden,

- ich sollte *Leistung* nicht überbewerten,
- ich sollte mehr *Vertrauen* wagen,
- ich sollte nicht *wankelmütig* sein usw.

Oder:

- *Ehrlichkeit* hat für mich den höchsten Stellenwert. Vertreten meine Mitmenschen diesen Kodex nicht, lehne ich sie ab.
- *Zuverlässigkeit* ist das Grundgesetz fürs Zusammenleben. Vertreten meine Mitmenschen diesen Standpunkt nicht, werde ich sie meiden.
- *Wankelmütigkeit* hasse ich wie die Pest. Vertreten meine Mitmenschen diese Einstellung nicht, werde ich sie fallen lassen.

Die letzten Überzeugungen spiegeln *Lebenslügen* wider. Sie mögen gut gemeint sein, gehen aber völlig an der Wirklichkeit des Zusammenlebens vorbei. Sie zerstören die Gemeinschaft und klingen rechthaberisch und pharisäerhaft.

Aspekt Nr. 2: Welche Meinung habe ich über andere? Welche Meinung haben andere über mich?

Wie beurteile ich andere Menschen? Kann ich sie schätzen? Werte ich sie ab? Habe ich Vorurteile gegen Männer und Frauen?

Vergleiche ich mich mit anderen?

Weiche ich Menschen aus?

Wie sehen andere mich?

- Gelte ich als arrogant, als stolz, als höflich?
- Werde ich respektiert, vertrauensvoll behandelt?

- Werde ich gemieden, akzeptiert?
- Werde ich bestätigt, ernst genommen, gefürchtet?
- Welche Eigenschaften in Ihrem Leben sind negativ?
- Welche Eigenschaften sind dringend der Korrektur bedürftig?

Aspekt Nr. 3: Welche Meinung habe ich über die Welt, über das Leben, den Glauben und über Gott?

Wie erlebe ich die Welt? Ist sie dunkel, gefährlich, ein Jammertal, bedrohlich, wunderbar, erfreulich?

Welchen Lebenslügen laufe ich nach?

Ist die Welt mein Arbeitsplatz?

Wie beurteile ich das Leben im Allgemeinen?

Lohnt sich das Leben? Entwickle ich einen Sinn in ihm?

Spielt mir das Leben einen Streich?

Ist es lebenswert, bedrückend, aufregend, dramatisch?

Spiegelt der Glaube meinen Lebensstil wider?

- Habe ich Vertrauen?
- Lebe und praktiziere ich Misstrauen?
- Hege ich Zweifel und Ängste?
- Bin ich tolerant oder intolerant?
- Handle ich mutig und zuversichtlich?
- Welche Werte in meinem Leben werden durch den Glauben gefestigt?

Aspekt Nr. 4: Welche Ziele und Werte strebe ich an?

Unter Zielen verstehen wir:

Die *Lebensgrundüberzeugungen,* die sich durch alle Handlungen und Bewegungen im Leben wie ein roter Faden hindurchziehen.

Die *Leitideen,* die den Betreffenden in Familie, in Schule und Beruf und im Zusammenleben bestimmen.

Die *Lebensmaxime,* die weitgehend unbewusst sein Denken, Fühlen und Handeln bestimmen.

Ziele werden unverstanden und unbewusst arrangiert und im Leben praktiziert. Bei Zielen handelt es sich nicht um Aufgaben, die der Mensch in der nahen oder der fernen Zukunft erreichen will.

Welche Ziele, Werte und Lebensgrundüberzeugungen können den Menschen leiten?

- Ich will an die Spitze – koste es, was es wolle.
- Ich muss mir den Schutz anderer sichern.
- Ich muss allen Menschen gefallen. Gefalle ich nicht, bin ich unglücklich.
- Ich muss immer recht behalten.
- Ich kenne nur eine Devise: Ganz oder gar nicht.
- Die andern sind dazu da, mir zum Erfolg zu verhelfen.
- Ich bin das Aschenputtel: Nur durch Dienen bekomme ich Anerkennung.
- Ich bin der Kontrolleur: Kontrolle ist meine Überlegenheit.
- Ich bin der Vabanquespieler: Ich setze im Leben immer alles aufs Spiel.
- Ich bin vor den Leuten aufrichtig: Hinter ihnen mache ich, was ich will.
- Und so weiter.

Hinter diesen Lebensgrundüberzeugungen verbergen sich auch Lebenslügen, Vorurteile, Selbsttäuschungen und Selbstindoktrinationen, die das Zusammenleben erschweren – und damit sind wir beim Thema unseres Buches.

Wie erkennen wir diese Ziele?

Lebensziele kommen auf allen Gebieten der Begegnung zur Sprache.

In der Auseinandersetzung mit Lehrern, Vorgesetzten, Eltern und Kollegen kommen diese versteckten Handlungsmuster ans Licht.

Lebensziele kommen in Problemen und Konflikten des Menschen zur Sprache.

Konflikte, Schwierigkeiten, Reibungen und Verhaltensauffälligkeiten spiegeln die Lebensgrundüberzeugungen wider.

Lebensziele kommen in Spitznamen und Beschreibungen zur Sprache. Wir sprechen vom «Kleinen Professor», vom «Intriganten», vom «Besserwisser», «Oberlehrer», «Windhund», «Feigling», «Gerechtigkeitsfanatiker», «Schlappschwanz», vom «Schlitzohr», vom «Menschen, der über Leichen geht».

Es ist wichtig, in den oft unsinnigen und rechthaberischen Überzeugungen auch die Lebenslügen zu enttarnen.

Aspekt Nr. 5: Welche Mittel und Methoden benutze ich, um diese Ziele zu erreichen?

Der Mensch kann positive und negative, wertvolle und wertlose Muster bevorzugen: Er benutzt

Jähzorn,

Aggression,

Überredung,

Erpressung,

Unehrlichkeit,

Mobbing,

Demütigung,

Rachsucht,
Eifersucht,
Misstrauen,
autoritäre Methoden,
Gerechtigkeit.

In den bisher genannten Beispielen kommt eine Reihe dieser Mittel und Methoden zur Sprache, um mit eigensüchtigen Denk- und Handlungsmustern Ziele in der Partnerschaft, in der Familie, in der Gemeinde oder am Arbeitsplatz zu erreichen. Je fanatischer, verbissener und aggressiver diese Ziele angestrebt werden, desto schwieriger verlaufen die Beratungs- und Seelsorgegespräche.

Deutlich wird: Im Lebensstil jedes Menschen verstecken sich positive, lebenswerte, liebenswerte, hilfreiche und lobenswerte Eigenschaften und Ziele. Aber es bilden sich auch unangenehme, negative, störende und krankhafte Muster und Überzeugungen aus, sogenannte Lebenslügen, die große Konflikte im Zusammenleben heraufbeschwören.

Kapitel 4
Verwöhnung
und Überbeschützung

Eine erzieherische Variante, dem Kind oder dem jungen Menschen eine Lebenslüge einzutrainieren, soll das folgende Beratungsbeispiel aufzeigen.

Da ist ein Mann, der von seiner Frau in die Beratung geschickt wurde. Sein Problem lautet:

«Ich bin ein chronischer Zweifler. Ich misstraue allen und allem. Meine Frau fühlt sich völlig überlastet, weil sie glaubt, alle Verantwortung allein tragen zu müssen.»

Das Beratungsgespräch enthüllt folgende Einzelheiten:

- Herr X ist das vierte Kind seiner Eltern. Ein Nachkömmling. Der Bruder über ihm ist zehn Jahre älter. Die Eltern waren glücklich über den Jüngsten.
- Allerdings packten sie das Nesthäkchen in Watte, verwöhnten und überbeschützten es. Der Junge und spätere Mann wurde unselbstständig, ein richtiges Muttersöhnchen, entscheidungsschwach, misstrauisch und zweifelnd.
- Er heiratete eine acht Jahre ältere Frau, die – wie die Mutter – alle Entscheidungen trifft, alle Probleme löst und alle Zweifel an irgendwelchen Dingen beseitigt.

- Er hat selbstverständlich keinen großen Leidensdruck. Allein wäre er nicht in die Beratung gekommen. Es leuchtet ein, dass er es schwer hat, seine Frau zu verstehen, die unter seiner Verantwortungslosigkeit leidet.

Was zeigt dieses kleine, auf das Wesentliche konzentrierte Beratungsbeispiel?

1. Der 42-jährige Mann ist ein chronischer Zweifler, der fest glaubt, dass Gott ihn so geschaffen hat. Er ist überzeugt, dass er diese Schwäche aus Gottes Hand nehmen muss. Was Gott zugelassen hat, muss der Mensch nicht ändern. Die Lebenslüge ist erkennbar: Die Schuld an seinem So-Sein schiebt er Gott in die Schuhe.

2. Auch seine Eltern hätten als vernünftige und erwachsene Menschen erkennen müssen, dass sie ihm nicht alle Entscheidungen und Überlegungen für große und kleine Lebensaufgaben abnehmen dürfen. Auch sie tragen die Verantwortung für seine Lebensuntüchtigkeit. Er vergisst, dass er bis zum 32. Lebensjahr im Hause der Eltern diese Fürsorge und Überbeschützung gern akzeptiert hat. Er widersprach nicht und fühlte sich pudelwohl im «Hotel Mama». Sämtliche Schwierigkeiten wurden besonders von der Mutter aus dem Weg geräumt. Als er selbst das Leben zu verantworten hatte, versagte er.

3. Seinen Eltern macht er heute als erwachsener Mann die schlimmsten Vorwürfe, dass sie ihn nicht zur Mündigkeit und Selbstverantwortung im Leben erzogen haben. Der Bruch mit dem Elternhaus ist perfekt. Die Eltern leiden und verstehen die Welt nicht mehr.

Seine Lebensuntüchtigkeit haben also, wenn man ihm zuhört, Gott und die Eltern verursacht. Die Lebenslügen werden überdeutlich.

Er hat unverstanden und doch gezielt eine ältere Frau geheiratet, die übergangslos die Rolle der Mutter übernahm. Auch seiner Ehefrau steht er verständnislos gegenüber, die sich beschwert, weil sie alle Verantwortung allein tragen muss.

4. Seine Frau, die Älteste, mit drei männlichen Geschwistern, hat das Führen in der Ursprungsfamilie gelernt, hat als Vizemutter ihre jüngeren Brüder wunderbar versorgt, konnte für andere planen, für andere entscheiden, und liebte es, Schwierigkeiten kommentarlos beiseitezufegen. In dieser Rolle geübt, lernte sie den entscheidungsschwachen Mann ihres Lebens kennen. Verliebt griff sie zu und half entscheidungsstark bei der Eheschließung nach.

5. In der Seelsorge und Beratung dauerte es lange, bis der Mann seine Argumentation aufgab und sich vom Heiligen Geist überführen ließ. Seine Argumentation lautete: «Wenn ich alles aus Gottes Hand nehmen muss, und das ist gut biblisch, dann muss ich auch mich so annehmen, wie ich bin. Ich kann nicht aus meiner Haut.»

Es war ein Geschenk Gottes, dass er die Selbstrechtfertigung aufgab, sich vor der Verantwortung in der Ehe, vor einer Gesinnungsänderung (Römer 12,12) und vor einer Lebenskorrektur zu drücken. Die Veränderungen gingen in kleinen Schritten voran. Es gab viele Rückfälle, ehe er die Lebenslügen einsah und aufgab. Einsehen und aufgeben – beide Schritte gehören für uns Christen fest zusammen.

Lügen, die unser Leben beherrschen

Lebenslügen sind Verhaltensmuster, die wir gern vor unserem Bewusstsein und vor dem lebendigen Gott verstecken. Wir benutzen sie als hilfreiche Bewältigungsstrategien im Alltagsleben. Auch Christen haben große Mühe, zuzugeben, dass diese Selbstschutzmaßnahmen Lebenslügen sind, die sie *theoretisch* gern geändert hätten, ohne die sie *praktisch* aber nicht leben können und wollen.

- Der *Abhängige* hat sich daran gewöhnt, Probleme und Schwierigkeiten in Alkohol zu ertränken und mit Tabletten zu betäuben. Wie sagte der Humorist Wilhelm Busch: «Wer Sorgen hat, hat auch Likör.» Der Abhängige glaubt, Tabletten und Alkohol helfen ihm, dem Lebensstress gewachsen zu sein.

- Der *Angstkranke* hat sich angewöhnt, mit extremer Angst vor der Front des Lebens wegzulaufen. Er schließt sich ein und lässt das Leben vor der Tür. Vielleicht benutzt er seine Angst, damit andere ihm helfen und beistehen müssen. Mit seiner Angst steht er im Mittelpunkt.

- Der *Zwangsgestörte* hat das unbestimmte Gefühl, er sei schmutzig. Zirka fünfzig Mal am Tag muss er sich die Hände waschen. Er muss scheuern, bis die Haut an allen Stellen wund und verletzt ist. Er duscht oft einige Stunden lang und hat das Gefühl, immer noch schmutzig zu sein.

- Der *krankhaft Ehrgeizige* hat sich angewöhnt, mit übertriebener Gewissenhaftigkeit, mit Übermoral und mit Pedanterie menschlich und geistlich erfolgreich zu sein. Nur wenn er mehr leistet als andere, glaubt er seinen mangelhaften Selbstwert aufzubessern. Im Neuen Testament erscheint das Wort in vielen Übersetzungen. Von Selbstsucht, Eitelkeit, Hochmut, Rechthaberei, von unehrlicher und eigennütziger Absicht ist die Rede. Ehrgeiz ist ein ungeistliches Verhalten. Der englische Theologe W. Barclay schreibt sogar: «*Eritheia* ist ein Wort, dessen Bedeutung degenerierte, und die Geschichte dieser Entartung ist in sich ein erschreckendes Abbild der menschlichen Natur. Im Neuen Testament wird es siebenmal gebraucht, und jedes Mal bezeichnet es einen Fehler, der die Arbeit der Gemeinde ruiniert ...»[9]

- Der *Perfektionist* hat sich angewöhnt, nur mit Hundertzwanzigprozentigkeit leben zu können. Perfektionismus ist eine Zielverfehlung; eine Sucht, alles mit einem Grad der Vollkommenheit anzustreben. Perfektionismus ist eine Selbstwertstörung. Der betreffende Mensch hält sich nicht für gut genug. Perfektionismus ist die Sucht, fehlerfrei zu sein. Perfektionisten können sich Sünden nicht vergeben, die Gott ihnen längst vergeben hat. Perfektionisten streben unerreichbare Ziele an, das ist ihr Problem. Sie messen ihren Wert ausschließlich an ihrer Leistung und ihrer Produktivität.

- Der *Pubertätsmagersüchtige* glaubt, er sei zu dick, er fühlt sich vollgestopft. Er hat das Gefühl zu platzen. Er muss hungern und abnehmen. Vielleicht wehrt das Mädchen sich auch, eine Frau zu werden. Den Appetit am Leben hat dieser Mensch verloren. Oft nimmt er es sich, weil er dieses Leben – so wie er es sieht – satt hat. Etwa zehn Prozent aller Magersüchtigen hungern sich zu Tode.

Kapitel 5
Lügen und krankhafte Muster

Schon die letzten Beispiele machten deutlich, dass es zwischen falschen Überzeugungen und krankhaften Zuspitzungen viele Übergänge gibt. Das heißt:

Zu den «nur» störenden Lebenslügen gesellen sich leider auch krankhafte, die erst recht das Miteinander erschweren. Hier soll eine Reihe von ihnen genannt werden, die oft langwierige und ärztliche Betreuung erfordern.

Die DSM-IV-Klassifikation

Das *D*iagnostische und *s*tatistische *M*anual (Handbuch/ DSM) Nr. IV, das international alle psychischen Störungen und Krankheiten verbindlich kategorisiert, spricht von:
Störungen im Zusammenhang mit psychotropen
    (bewusstseinsverändernden) Substanzen,
Schizophrenie und anderen psychotischen Störungen,
affektiven Störungen,
Angststörungen,
somatoformen Störungen,
vorgetäuschten Störungen,
dissoziativen Störungen,
Essstörungen,
Schlafstörungen,
Störungen der Impulskontrolle,

Anpassungsstörungen und
Persönlichkeitsstörungen,
die hier auf keinen Fall alle angesprochen und behandelt
werden können.[10]

Das *DSM-IV* legt Wert darauf, Folgendes zu formulieren:

«Das Störungsbild verursacht in klinisch bedeutsamer
Weise Leiden oder Beeinträchtigungen in sozialen,
beruflichen oder anderen wichtigen Funktionsberei-
chen.»

In diesem Buch werden im Wesentlichen Konflikte angesprochen, hinter denen nicht schwere Krankheitsursachen
stehen, obschon in manchen Fällen Übergänge sichtbar
werden.

Zwangsgedanken und Zwangsstörung

Der folgende Beratungsfall gehört zweifellos zu den Gesprächen, die das klassische Profil einer *Zwangsstörung* kennzeichnen, die von vornherein keine günstige Prognose zulässt.

Da ist ein zwanzigjähriger Mann, er leidet unter Zwangsgedanken und erdrückenden Schuldgefühlen. Auch hier ist
der Übergang zur krankhaften Zwangsstörung ersichtlich.
Er hat eine tiefgläubige Mutter, die ihn sorgfältig erzogen
hat.

Mit sechs Jahren erwischt sie ihn, wie er ein Spielzeug-
auto aus dem Kindergarten mit nach Hause gebracht hat.
Die Mutter schlägt ihn nicht, weint aber vor dem Kind
hemmungslos über den Diebstahl des Jungen. Einige Tage

lang bekommt er keinen Gutenachtkuss. Der Junge kann die Trauer der Mutter über sein gewissenloses Tun nicht vergessen und erinnert sich in allen Einzelheiten an das Geschehen.

Nach der Konfirmation stellen sich mehr und mehr Schuldgefühle ein. Er hat einem Mann aus Versehen einen falschen Weg gezeigt, er kann einige Nächte nicht schlafen. Beim Kaufmann wollte er versehentlich ein Brot mit einer falschen Münze bezahlen. Er hat dem Kaufmann einen langen Entschuldigungsbrief geschrieben. Er hat dem Pfarrer und dem Lehrer seine «Schuld» gebeichtet. Er ist übergewissenhaft und übermoralisch.

Er kann die Zeitungen im Hause nicht mehr anfassen, weil sie Lügen enthalten. Zigmal muss er sich die Hände schrubben, um sich von den Unwahrheiten, Lügen und Sünden, die auf allen Seiten zu finden sind, reinzuwaschen.

Als es ganz schlimm wird, zieht er sich Handschuhe an, um nicht mehr die Klinken, die Geländer und Türgriffe mit seinen reinen Händen benutzen zu müssen. Stundenlang ist er im Bad und wäscht sich blutend, steht schon früh in der Nacht auf, um Zeit genug zum Baden zu haben. Er scheuert seinen Körper ab, bis überall blutige Wunden auftauchen.

Seinen Eltern wird die Wohnung gekündigt, weil der Sohn nachts stundenlang das Wasser laufen lässt. Auch Liebesbeziehungen sind unmöglich, weil kein Mädchen seinen Ansprüchen gewachsen ist.

Deutlich wird:
Schuldgefühle machen ihn lebensuntüchtig.
Schuldgefühle machen ihn arbeits- und liebesunfähig.
Er muss unbedingt wahrhaftig leben,
er muss leben wie Jesus, und das ist eine Lebenslüge.

Da der junge Mann in eine Klink überwiesen wurde, kann ich über weitere Schritte der Heilung und Besserung nichts sagen.

Die Lebenslüge beginnt im Paradies

Seit dem Sündenfall gehören Lebenslügen zum ständigen Repertoire des Menschen. Schon Adam und Eva wollen für ihre Sünden nicht den Kopf hinhalten.

Sie drücken sich, sie reden sich heraus. Beide schieben die Schuld auf den anderen. Adam beginnt mit dem verlogenen Spiel.

Auf die Frage Gottes: «Hast du von dem Baum gegessen, von dem zu essen ich dir verboten habe?», antwortet Adam: «Die Frau, die du mir beigesellt hast, sie hat mir von dem Baum gegeben, und so habe ich gegessen.»

Zwei Frechheiten in einem Satz. Sogar dem lebendigen Gott schiebt Adam die Schuld in die Schuhe: «Die Frau, die *du* geschaffen hast, ist die Verführerin.» Und das Ungeheuerliche: Adam glaubt, was er sagt. Adam ist von seiner Lüge überzeugt. Er klammert sich an seine «subjektive Wahrheit».

Eva macht es ihm nach. Ihre Antwort auf die Frage Gottes an sie («Was hast du getan?») lautet: «Die Schlange hat mich verführt, und so habe ich gegessen.»

In der Psychologie sprechen wir von Rationalisierungen und von Projektionen, von Selbstrechtfertigungen und Schuldverschiebungen.

Wir reden uns heraus.

Wir schieben die Schuld auf andere.

Wir machen uns eine reine Weste.

Wir glauben an die Lügen, die wir fabrizieren.

Beide – Adam und Eva – wehren Schuld und Beschämung ab. Beide laufen vor der Verantwortung davon. Das sind die versteckten und oft unbewussten Ziele. Bis heute haben wir es teuflisch gut gelernt, die Schuld auf andere zu schieben.

Wir sind es nicht gewesen, sondern
die Politiker,
die Kirchen,
die Eltern und Erzieher,
die Lehrer,
die Umstände.
Es sind raffinierte Lügen, die wir glauben und für wahr halten.

«Der Mensch hält alles, was er tut, für richtig,
Gott aber prüft die Beweggründe.»

Das ist ein Zitat aus den Sprüchen in der Bibel, Kapitel 16, Vers 2. Gottes Wort zeigt, wie klar er den Menschen durchschaut hat. In der Tat, der Mensch hält seine Einsichten, seine Überzeugungen und sein Lügen für richtig. Gott aber interessieren
seine Motive,
seine Beweggründe,
seine offenen oder versteckten Ziele.

Der amerikanische Kommunikationsforscher Paul Watzlawick erzählt von einer Laborratte. Sie wissen ja, Ratten sind intelligente Tiere. Mit ihnen werden viele Versuche angestellt.

In einem Experiment wird eine Ratte dressiert, die lernt, einen Hebel zu drücken, wenn sie Futter haben will. Jedes Mal, wenn sie den Hebel drückt, bekommt sie etwas zu fressen. Nach dem Experiment kommt die Ratte zu ihrer Familie zurück und berichtet ganz stolz: «Stellt euch vor, ich habe den Mann so trainiert, dass er mir jedes Mal Futter gibt, wenn ich den Hebel drücke.»

Was will uns dieses Beispiel sagen?

Es kommt auf den Standpunkt an, den ich vertrete.

Es geht um meine Überzeugung, die ich gewonnen habe.

Die entscheidende Frage lautet: Wie kommt es, dass verschiedene Menschen die gleiche Geschichte, die gleiche Situation verschieden beurteilen? Das Leben lehrt uns: Nicht die Tatsachen bestimmen unser Leben, sondern wie wir sie deuten. Die Wirklichkeit ist so, wie wir sie erleben.

Die Welt ist so, wie wir sie empfinden.

Ist das Lächeln der Mona Lisa verführerisch oder hinterhältig? Ist es naiv oder natürlich? Ist es ehrlich oder boshaft? Nicht die Augen der Mona Lisa selbst drücken das Objektive aus, sondern meine Überzeugung deutet das Lächeln.

Die revidierte Lutherübersetzung lautet beim oben angeführten Vers im ersten Teil: «Einen jeglichen dünken seine Wege rein.» Das ist eine knappe und herausfordernde Feststellung.

Der Mensch hält seine Partnerwahl, seine Berufsentscheidung, seine Kindererziehung, die Farbe seiner Krawatten, die Marke seines Autos und die Richtung seiner Zeitung für rein. Er hält sie für richtig.

«Gott aber prüft die Beweggründe.»

Gott prüft unsere wirklichen Motive, unsere unbewussten Zwecke und Ziele.

«Ich bin es nicht gewesen!»

Warum fällt es uns Erwachsenen so schwer, Schwächen und Fehler zuzugeben?

Ein wesentliches Argument: Wir wollen uns um keinen Preis der Welt blamieren.

Aus meiner Kindheit fällt mir eine böse Geschichte ein, die mich lange innerlich verfolgt hat. Es war in der zweiten oder dritten Klasse der höheren Schule.

Ich saß etwa ein Jahr neben einem Schüler, der genau wie ich den Mathematikunterricht entsetzlich langweilig fand. (Ich entdecke bei mir gerade eine zweite Lebenslüge. Der Unterricht war nicht langweilig, sondern wir zwei waren ausgesprochen schlechte Rechner.) Auf jeden Fall: Wir waren nicht bei der Sache. Stattdessen ritzte ich mit einem scharfen Gegenstand Figuren in den Schreibtisch. Der grüne Lack, ich sehe den Tisch noch heute klar vor Augen, blätterte ab, und das helle Fichtenholz kam zum Vorschein.

Die Sache ging einige Monate gut. Inzwischen wurde ich in eine andere Klasse versetzt. Da kam in der Englischstunde plötzlich der Direktor der Schule aufgeregt ins Klassenzimmer gestürzt und rief meinen Namen. Ich war schockiert und stand nach dem Aufruf senkrecht.

«Du hast doch in der fünften Bank links neben Karl Müller gesessen. Stimmt's?»

«Ja, Herr Direktor.»

«Dann weißt du sicher auch, wer die Schnitzereien auf deinem Pult fabriziert hat?»

Einen Augenblick Nachdenken.

«Nein, Herr Direktor!»

«Du bist es also nicht gewesen?»

«Nein, ich war's nicht.»

«Wir haben alle Schulbänke nach den Ferien überprüft und neu bearbeiten lassen. Jetzt ist dieser Tisch verunstaltet. Du hast an diesem Pult gesessen. Nur du kannst es gewesen sein.»

«Aber ich war's nicht!»

Alle Schüler der Klasse schauten auf mich. Alle dachten wahrscheinlich das Gleiche: *Er ist es doch gewesen.* Und ich war es auch.

Frech schaute ich den Direktor an und blieb beharrlich bei meiner Lüge.

Wenn ich heute über die Geschichte nachdenke:

Ich wollte nicht bloßgestellt werden.

Ich wollte nicht als der Täter vor der gesamten Klasse entlarvt werden.

Ich war feige.

Unter dieser frechen Lüge habe ich lange zu leiden gehabt. Es war eine *bewusste* Lüge. Der Vorteil dieser bewussten Lügen ist, dass wir sie sofort als Schuld erkennen. Die unbewussten Lügen sind versteckter. Wir identifizieren sie nicht einmal als Lügen. Wir rechtfertigen sie. Wir legen uns glaubhafte Begründungen zurecht. Lügen, die wir für wahr halten, sind wesentlich schwerer zu widerlegen. Sie entfalten eine unglaubliche Vitalität.

Kapitel 6
Lebenslügen und Schuldgefühle

Schuld und Schuldgefühle spielen in Seelsorge und Beratung eine große Rolle. Schuld ist real, doch Schuldgefühle haben oft einen irrealen Bezug. Es sind sehr oft Lebenslügen.

Der Unterschied zwischen Sünde und Schuld

Sünde bedeutet, abgeleitet vom Griechischen: Verirrung, Abirrung vom Wege oder Verfehlung eines Ziels.

Immer geht es um

- die Verfehlung des von Gott gesteckten Zieles,
- die Auflehnung gegen Gott,
- die Zerstörung der menschlichen Gemeinschaft (Brudermord, Gewalt, Verbrechen),
- schuldhaften Ungehorsam,
- um das Seinwollen wie Gott,
- die Abwendung vom Vaterhaus Gottes,
- die Selbstherrlichkeit des Menschen
- und um einen menschlichen Irrtum.

In allen Religionen,
    im Humanismus,
    im Atheismus und
    im Kommunismus

arbeiten die Instanzen mit Anklage, Schuld, Schuldnachweis, Strafe und Rechtfertigung. Ständig wird im Leben die Frage nach der Schuld gestellt.

Wenn Sie von Ihrer Bank die Kontoauszüge bekommen, wandern Ihre Augen ständig über die zwei Spalten «Soll» und «Haben». «Soll» ist der Ausdruck, der wortgeschichtlich mit «Schuld» zusammenhängt.

Mein Soll ist meine Schuld,

mein Soll ist das, was ich schuldig bin,

mein Soll ist das, was ich schuldig geblieben bin.

Darum kennzeichnet die Schuld das,

- was ich *tun* sollte,
- was ich *getan* haben sollte,
- was ich *nachholen* sollte.

Schuld ist auch der Ausdruck für gestörte Beziehungen.

Warum?

In der Mehrheit der Fälle haben Schuld und Schuldgefühle mit Beziehungsstörungen zu tun. Immer sind die anderen betroffen.

Wie werden sie erlebt?

- In Form von *Lieblosigkeit,*
- in Form von *Eigennutz,*
- in Form von *Rücksichtslosigkeit,*
- in Form von *Ungeduld,*
- in Form von *Hartherzigkeit,*
- in Form von *Lügen,*
- in Form von *Betrug,*
- in Form von *Verschlossenheit,*
- in Form von *Schweigen,*
- in Form von *Rache.*

Diese Dinge können andere Menschen betreffen, sie können Gott betreffen, sie können auch beide Seiten betreffen.

Schuldgefühl und Gewissen

Immer wieder begegnen uns Menschen, die mit bedrückenden *Schuldgefühlen* herumlaufen. Sie bauschen kleine Fehler und Vergehen auf, steigern sie zu fürchterlichen Sünden und tadeln sich wegen ihrer schweren Vergehen. Sie tragen eine betonte Zerknirschung zur Schau und legen sich zum Teil harte Strafen und Bußhandlungen auf. Solche Menschen mit *neurotischen* Schuldgefühlen haben in der Regel ein überempfindliches Gewissen.

Schuld und Gewissen hängen eng miteinander zusammen.

Wie entwickelt sich die Stimme des Gewissens?

Wie entwickelt sich der Lebensstil?

Die Gewissensbildung geschieht in der frühen Kindheit am nachhaltigsten. Sie beginnt mit der Geburt des Kindes und ist am Ende der Pubertät weitgehend abgeschlossen. Ein funktionierendes Gewissen, ein tadelloser Charakter oder ein schwaches Gewissen sind vielfach die Folgen einer entweder gelungenen oder aber gescheiterten Gewissens- und Gesinnungsbildung der ersten Lebensjahre. Eltern, Schule und Umwelt wirken auf das Gewissen ein, prägen, gewöhnen, verwöhnen, hemmen, stärken und beeinflussen es.

Mit der Gewissensbildung ist auch die Bildung unseres Lebensstils verbunden.

Wir kreieren unseren *Lebensstil*, der von guten und schlechten, positiven und negativen Überzeugungen geprägt ist. Zu diesen Prägungen gehören auch Lebenslügen in Form von Schuldgefühlen.

Das überempfindliche Gewissen – neurotische Schuldgefühle

Was zieht das Kind für Schlüsse aus den biologischen Gegebenheiten und der Umwelt? Wie verarbeitet es die Einflüsse von Familie und Umgebung?

· Das Kind verwendet eine außerordentliche schöpferische Aktivität darauf, seine Eingliederung in die Gruppe zu versuchen, seine Entscheidungen zu treffen, seine spezielle Rolle zu finden. Aus den Interaktionen und Wechselbeziehungen mit Eltern, Geschwistern, Großeltern und Pflegepersonen entwickelt sich der individuelle Charakter des Kindes.

Auf diesem Hintergrund entwickelt sich auch ein individuelles Gewissen, das Schuld und Schuldgefühle individuell widerspiegelt. Ein scharfes und waches Gewissen ist gut, ein überscharfes und überwaches Gewissen ist krankhaft. Der Neurotiker läuft mit einem *übersensiblen* Gewissen herum. Fehler und Geschehnisse, die nichts mit Sünde zu tun haben, werden zu Sünden gestempelt. Unterlassungen werden mit harten Selbstvorwürfen beantwortet.

«Ich habe den Heiligen Geist gelästert»

Eine schwere Form der *Zwangsstörung* habe ich schon in einem vorhergehenden Kapitel beschrieben. Auch der folgende Bericht aus der Seelsorgepraxis ist eine *Lüge*, die eine junge Dame für wahr hält.

Da ist eine junge Frau, die unter der Vorstellung leidet, Gott, Jesus und den Heiligen Geist zu lästern. Diese junge Frau ist tief gläubig und wird lediglich von der panischen Angst getrieben, sie *könnte* eine Lästerung aussprechen. Selbstverständlich hat sie noch nie eine Lästerung ausgesprochen. Auch mir wagt sie die Lästergedanken nicht zu sagen. Die Frau glaubt, sie wäre vom Teufel besessen.

Lästergedanken gehören zu den ganz typischen Zwangsstörungen.

Sie ist eine gläubige Frau. Nur ihre Ängste, sie *könnte* sich vergessen, sind krankhaft groß.

Sie ist eine *Skrupulantin*. Scrupulus heißt spitzes Steinchen. Aus einem winzigen Steinchen werden Felsblöcke gemacht. Solche Menschen machen aus kleinen Mücken riesengroße Elefanten.

Der Skrupulant ist
*über*ängstlich,
*über*moralisch,
*über*sittlich.

Das Wort «über» kennzeichnet die Übertreibung. Der Skrupulant macht dem Seelsorger mit seinen Zweifeln, mit seinen Selbstvorwürfen und mit seinen übertriebenen Schuldgefühlen das Leben schwer. Belastete machen sich, den andern und Gott das Leben schwer.

Die Frau beichtet einen Augenblick erleichtert, dann kommen neue Zweifel:

- «War ich auch echt in der Beichte?»
- «War der Seelsorger auch wirklich gläubig?»
- «Folge ich Jesus konsequent nach, wo ich doch wieder rückfällig geworden bin?»
- «Bin ich vielleicht verworfen?»

Ihre Zweifel und Zwänge, die sie für bare Münze nimmt, nehmen ihr jegliche Lebensfreude. Ihre Ängste, sie könnte wieder Lästergedanken aussprechen, machen sie unausstehlich. Sie ist für tiefe Liebesbeziehungen untauglich. Sie schläft jede Nacht schlecht.

Und das Fatale: Je mehr sie gegen die Lästergedanken anbetet, desto mehr hält sie sie aufrecht. Durch ihre ständigen Gebete gegen die Lästergedanken holt sie sich diese immer wieder ins Gedächtnis zurück. Ein Teufelskreis.

Lügen, an die sie glaubt, lauten:

- «Ich bin vom Teufel besessen.»
- «Ich bin von Gott verworfen.»
- «Ich habe den Heiligen Geist gelästert, und das ist die einzige Sünde, die nicht vergeben werden kann.»

Das Verrückte ist, dass sie niemals direkt eine Lästerung ausgesprochen hat.

Sie glaubt aber, weil die Gedanken ständig in ihr wach sind, sie habe längst die Sünde begangen.

Geholfen hat ihr die Gewissheit, die ich ihr zugesprochen habe: «Sie sind ein geliebter Mensch unseres Herrn. Nichts und niemand kann sie aus seiner Hand reißen. Sie gehören ihm. Nicht *er* zweifelt an Ihnen, sondern sie zweifeln an *ihm*. Solange Sie die Hände nach ihm ausstrecken, wird er Sie niemals zurückstoßen.»

Das hat ihr mehr und mehr eingeleuchtet. Obschon immer wieder Zweifel die Gewissheit durchlöcherten.

Sie hat sich die Sätze in ihre Bibel gelegt.

Sie hat sich die Sätze an die Wand geheftet.

Sie hat mit diesen Gedanken ihre Lästergefühle zugedeckt.

Lebensangst und Schuldgefühle

Wahrscheinlich beginnt unser Erdendasein mit Angst. Wenn der Säugling vor Angst aufschreit, ist er geboren. Das Leben beginnt mit einem Schrei und mit Schrecken. Und die ängstigenden Einflüsse setzen sich fort. Die ganze Welt muss als furchteinflößend gesehen werden. Nur die Mutter ist der bergende Hort. Der Säugling klammert sich an die Mutter. Die Trennung von der Mutter wird als *die* Bedrohung angesehen. Trennungsangst, Dunkelangst, viele Kinderängste und Verlassenheitsängste können hier geboren werden.

Kapitel 7
Lebenslügen und Vorurteile

Wir werden nicht mit Vorurteilen geboren, aber Eltern, Geschwister, Nachbarn und dergleichen prägen unsere Vorstellungen, Meinungen und unsere Vorurteile. Wir sagen leichtfertig:

- Alle Katholiken sind falsch.
- Oberschüler sind eingebildet.
- Polizisten sind verhinderte Verbrecher.
- Politiker sind verlogen.
- Italiener sind tolle Liebhaber.
- Die Kirche segnet die Waffen.
- Studenten sind radikal.
- Die Intellektuellen stehen links.

Es geht immer um unsere *Lügen und Überzeugungen,* die wir für Wahrheiten halten. Je verbissener wir sie verteidigen, desto gefährlicher sind sie.

Das waren Kostproben aus der Schublade der Vorurteile. In jedem von *uns* steckt ein Mensch mit Vorurteilen. Jede plumpe Vereinfachung ist ein Vorurteil.

Wie kommen Vorurteile zustande?

Wir haben die Vorurteile gehört und schwätzen sie nach.

Wir haben entsprechende Erfahrungen *gemacht* und

bauen sie in unseren Lebensstil ein. Wir machen es uns leicht, simplifizieren, vergröbern und verfälschen.

Selbst Jesus begegnete man mit Vorurteilen. Er sei ein Säufer, ein Schlemmer, ein Gesetzesbrecher, ein Mensch, der Sünder in seiner Umgebung duldet und sich mit Kollaborateuren der Besatzungsmacht ungezwungen unterhält. Er sei der erste Sozialist, der erste Kommunist gewesen und ein Vorbild aller Revolutionäre.

Aber gerade von Jesus können wir lernen, weniger mit Vorurteilen zu agieren. Er liebte die Menschen – ohne Vorurteile und ohne Bevorzugung.

Vorurteile sind oft Schutzbehauptungen. Wer mit Jesus nichts zu tun haben will, wird reihenweise Vorurteile produzieren. Wollen wir Jesus wirklich kennenlernen, müssen wir uns auf ihn einlassen.

Vorurteile führen zu unterschiedlichen theologischen Überlegungen

Es ist einige Jahre her. Ein theologisches Seminar hatte mich eingeladen. Wir sprachen über das Thema «Wie Typus und Temperament unseren Glauben bestimmen». Die Teilnehmer bekamen die Aufgabe, sich in ihr Zimmer zurückzuziehen und aus der Bergpredigt ein Wort auszuwählen, das sie als ihr «Lieblingswort» bezeichnen würden. Jeder sollte begründen, warum er dieses Wort ausgewählt hatte.

Die unterschiedlichsten Verse wurden genannt, und die einzelnen Teilnehmer gaben einfühlsame Erklärungen, wie bestimmte Bibelstellen sie existentiell getroffen hatten. Zwei hatten den gleichen Text gewählt: «Ihr seid das Licht der Welt ...» (Matthäus 5,14).

Aber beide interpretierten den Vers völlig unterschiedlich. Der eine sagte sinngemäß: «Für mich ist dieses Bibelwort der schönste Zuspruch unseres Herrn. Wenn ich ihm gehöre, bin ich Licht. Ich muss mich nicht zwingen, Licht zu sein. Keine Selbstüberforderung und Anstrengung sind notwendig, um zu strahlen. ‹Ihr seid Licht!› – Ich *bin* Licht. Seit ich Christus gehöre, ist alle Verkrampfung meines Lebens abgefallen. Verkrampft bin ich, wenn ich auf Biegen und Brechen etwas erreichen will. Ein ehrgeiziger Lichtträger ist ein Widerspruch in sich. Ist es nicht ein großartiges Geschenk? Wer ihm gehört, ist Licht.»

Der zweite Prediger machte ein sehr ernstes Gesicht, schüttelte den Kopf und sagte: «Dieses Wort hat mich seit meiner Bekehrung immer wieder herausgefordert. Es stellt mich. Es konfrontiert und hinterfragt mich. «Bist du wirklich Licht? Bist du nicht Stopp-Licht, Brems-Licht oder Irr-Licht? Kann es sein, dass dein Licht blendet? Ich habe Angst, in der Verkündigung zu grell zu sein. Gleichzeitig habe ich Angst, mein Licht zu verstecken. Das Wort ist eine ständige Anfechtung und Herausforderung für mich.»

Beides waren ehrliche und ernstzunehmende Stellungnahmen. Aber wie kommen solche widersprüchlichen Auslegungen zustande? Haben beide Theologen den Text missverstanden? Nein, denn wir lesen den Text jeweils

mit unseren *Augen*,

mit unserem *Vorurteil*,

mit unseren *Erfahrungen*

und mit unserem *Gewordensein*.

«Der Mensch ist das, was er denkt», schrieben schon vor einigen tausend Jahren die Philosophen. Unsere Gedanken bestimmen unser Handeln. Unsere Gedanken beeinflussen unsere Überzeugungen. Ein bekannter amerikanischer Seelsorger, William Backus, kommentiert dieses Phänomen in einem seiner Bücher so:

«Unser Handeln folgt aus dem, was wir als Wahrheit glauben. Heute entdecken viele Psychologen, dass die meisten – wenn nicht alle – menschlichen Gefühle und Handlungen Reaktionen sind, die nicht direkt durch Ereignisse im Umfeld eines Menschen ausgelöst werden, sondern dadurch, wie wir über diese Ereignisse denken.»[11]

Backus spricht eine Wahrheit aus, die das Neue Testament bestätigt. Bei Paulus liest sich das so: «Zwar steht für mich unerschütterlich fest, dass es nichts gibt, durch dessen Berührung der Mensch vor Gott unrein wird. Ich kann mich dafür auf Jesus, den Herrn, berufen. Aber wenn einer davon überzeugt ist, dass ihn etwas unrein macht, dann ist es für ihn auch unrein» (Römer 14,14). Meine Überzeugungen machen manche Sache rein oder unrein. Meine Deutung belastet oder beglückt mich.

In der Tat sind es Gedanken-Spiele, die unser Leben charakterisieren.

Angenommen, Sie sind als Christ ein Schwarzseher und Pessimist. Müssen Sie immer so leben? Nein, wir können jederzeit unsere Gedanken ändern. Die Bibel nennt das Buße. Buße meint «Gesinnungsänderung». «Lasst euch vielmehr im Innersten von Gott umwandeln. Lasst euch eine neue Gesinnung schenken. Dann könnt ihr erkennen, was Gott von euch will. Ihr wisst dann, was gut und vollkommen ist und was Gott gefällt» (Römer 12,2).

Wenn unsere Gedanken und Vorurteile die Welt schwarz malen, wenn wir Lügen und irrige Überzeugungen produzieren und uns die schlimmsten Befürchtungen einreden, wenn irrige Gedanken Hoffnungslosigkeit und Resignation ausbrüten, dann kann der lebendige Gott uns durch Christus umwandeln und uns eine neue Gesinnung schenken.

Vorurteile sind mit Gewohnheiten verwandt

Meine *Gewohnheiten* bestimmen mein Denken und Handeln. Meine Gewohnheiten verkörpern meine unbewussten Vorstellungen, spiegeln meine unbewussten Überzeugungen wider. Gewohnheiten haben zweifellos eine gute und eine negative Seite.

Martin Luther schrieb: «Wenn die Wahrheit offenbar wird, soll die Gewohnheit weichen, desgleichen: Niemand soll der Wahrheit die Gewohnheit vorziehen, und abermals: Wenn dir jemand die Gewohnheit vorhält, ist zu merken, dass der Herr spricht: Ich bin der Weg, die Wahrheit und das Leben. Er spricht nicht: Ich bin die Gewohnheit, sondern: die Wahrheit.»

Gewohnheiten als Vorurteile können die Wahrheit verbiegen. Gewohnheiten können zur Routine werden. Gedankenlos werden Gebote nachgesprochen und Bibelworte zitiert. Sprechen wir nicht auch

von Gewohnheitstrinkern,
von Gewohnheitsträumern,
von Gewohnheitsverbrechern,
von Gewohnheitschristen?

Viele Gewohnheiten weisen auf Vorurteile hin.

Ich denke an eine alte Gewohnheit in meiner Heimat. Zwischen Weihnachten und Neujahr durfte nicht gewaschen werden. Man dachte: «Wer wäscht, wird erleben, dass ein naher Angehöriger im kommenden Jahr sterben wird.» Meine gläubige Mutter hat viele Jahre diese Gewohnheit eingehalten, obschon sie fest an Gott und Christus glaubte.

Auch hier wird deutlich: Solche Vorurteile und Gewohnheiten sind blanke Lügen und purer Aberglaube.

Vorurteile sind mit Abwehrmechanismen verwandt

Viele Gewohnheiten sind *Abwehrmechanismen*. Sie spielen in der Psychologie, in Beratung und Seelsorge eine große Rolle. Sie haben den Sinn, unangemessenen Forderungen auszuweichen und bestimmten Lebensaufgaben aus dem Wege zu gehen.

Ein oft gelebter Abwehrmechanismus ist die *Verschiebung*.

In der Seelsorge erscheint ein Mann, der sich in der Familie als Haustyrann aufspielt. Die Frau setzt sich zwei Meter abseits vom Partner, um zu demonstrieren, wie enttäuscht und wütend sie ist. Gemeinsam analysieren wir das Ehe- und Familienproblem.

Folgendes stellt sich heraus: Er ist in einer Firma beschäftigt, die von einem sehr unangenehmen Chef geleitet wird. Er schikaniert seine Angestellten und schimpft laut wie ein Minidiktator durch die Arbeitsräume. Einige selbstbewusste Mitarbeiter sind gegangen. Viele schweigen, laufen mit der Faust in der Tasche durchs Gelände – wie unser Mann – und bringen zu Hause ihre Aggressivität zum Ausdruck.

Deutlich wird: Der Mann praktiziert den Abwehrmechanismus der *Verschiebung* oder *Übertragung*. Statt mit dem Chef ein klärendes Wort zu sprechen, lässt er seinen Widerstand zu Hause an die frische Luft: Er nörgelt an der Ehefrau herum, schreit die Kinder an und tritt den Hund. Als das in der Seelsorge von der Frau erkannt wurde, konnte sich die Frau in ihren Mann einfühlen.

In meinem Beisein nahm sie ihn in den Arm und bat ihn um Verzeihung. Sie litt sehr unter seinem Verhalten und hatte schon mit dem Gedanken an Scheidung gespielt, obwohl ihr Glaube sie als Christin daran hinderte.

Beide hatten dann später die Idee, dem Chef einen ernsten Brief zu schreiben und ihn um eine Unterredung zu bitten. Der Chef reagierte unerwartet freundlich und wollte diesen Mitarbeiter nicht verlieren.

Dieses Verhalten hatte der Mann schon als Kind trainiert. Sein Vater war ein herrschsüchtiger Mann, der keine Widersprüche duldete. Der Sohn kuschte vor dem Vater, ließ aber in der Schule und auf der Straße seinen Zorn an Kameraden heraus. Doch seine Frau kannte diese Mechanismen und Einstellungsmuster ihres Mannes bisher nicht. Er hatte nie darüber geredet.

In einer letzten Sitzung versprachen beide in meiner Gegenwart und vor dem lebendigen Gott, demnächst mit Gottes Hilfe neue Umgangsmuster miteinander auszuprobieren. Ein Gespräch, das wir drei Monate später angesetzt hatten, um zu schauen, ob beide mit neuen Umgangsmustern zurechtkämen, erübrigte sich, weil der Ehemann seine unangenehme Abwehrmethode aufgeben konnte.

Vorurteile, Gewohnheiten und Abwehrmethoden können Lügen und Überzeugungen sein, die das Zusammenleben erheblich stören und Reibungen und Konflikte heraufbeschwören. Wenn sie sich schon in der Kindheit fest eingenistet haben, zeigen sie ihr Zerstörungspotenzial im Zusammenleben.

Es ist ein Gottesgeschenk, wenn Betroffene die Einsicht gewinnen, dass sie falsch handeln und womöglich Ehe und Familie ruinieren.

Kapitel 8
Wenn Eifersucht zur Lebenslüge wird

Eifersucht – das grünäugige Ungeheuer, so jedenfalls hat William Shakespeare die Eifersucht genannt. «Eifersucht ist eine Leidenschaft, die mit Eifer sucht, was Leiden schafft», sagt das Sprichwort.

Eifersucht ist eine teuflische Gesinnung, die Hass mobilisiert, die Vernunft betäubt, die Missgunst und Misstrauen anstachelt. Sie kann ein sadomasochistisches Quälereispiel inszenieren. Eifersucht untergräbt die Gemeinschaft und das zwischenmenschliche Band. Sie wird zur *Lüge,* wenn sie unter dem Vorwand der Liebe den Partner tyrannisiert. Ein Beratungsbeispiel mag das erklären.

Wenn Eifersucht zur Besitzgier wird

Zum Seelsorgegespräch erscheint ein 36-jähriger verheirateter Mann. Er wird von seiner Frau geschickt, die ihm eine «schreckliche Eifersucht» attestiert. Das versteht der Mann überhaupt nicht. Er sei alles andere als eifersüchtig, meint Herr Müller, wie wir ihn nennen wollen.

«Und wie beschreiben Sie Ihre Liebeseinstellung?»

«Ich liebe meine Frau über alles. Immer bin ich für sie da. Morgens bringe ich ihr Kaffee oder Tee ans Bett. Wenn sie von der Arbeit kommt, empfange ich sie mit einem gedeckten Tisch. Wir gehen zusammen einkaufen. Ich begleite sie, wohin sie möchte.»

«Und wie beurteilt Ihre Frau diese Zuwendung?»

«Sie fühlt sich eingeengt und kontrolliert. Aber das will ich doch gar nicht. Sind wir denn nicht verheiratet, um alles gemeinsam zu machen?»

Eine Woche später erscheint die Frau in der Beratung. Sie ist geladen und aggressiv. «Er behandelt mich wie eine Gefangene. Auf Schritt und Tritt steht er hinter mir. Von vorn und hinten bevormundet er mich. Keinen Schritt darf ich allein unternehmen. Seine sogenannte Liebe erdrückt mich. Seine Eifersucht ist die reinste Besitzgier.»

Was ist Eifersucht?

Frau Müller hat es präzise beschrieben. Der Eifersüchtige klammert seinen Partner mit Haut und Haaren. Er engt ihn ein und nimmt ihm die Luft zum Atmen.

Eifersucht ist ein Bazillus, der jede Partnerschaft untergräbt, der jede menschliche Beziehung krank werden lässt. Sie ist in der Tat eine Sucht wie Spielsucht und Alkoholsucht. Aber sie ist keine Krankheit, gegen die wir machtlos sind.

Von klein auf kann Eifersucht zum Verhaltens- und Reaktionsmuster werden, das Kinder sich zulegen. Sie entscheiden sich für ein eifersüchtiges Vergleichen, für ein misstrauisches Kontrollieren. Eifersucht wird zur Leitmelodie des Lebensstils. Wie die Erkennungsmelodie das gesamte Musikstück durchzieht, so durchzieht die Eifersucht alle Lebensäußerungen.

Wie entsteht Eifersucht?

Herr Müller ist ältestes Kind. Eifersucht und Neid sind bei ältesten Kindern stark verbreitet. Einige Jahre stand das Kind im Mittelpunkt, dann wird es *entthront*. Es wird aus seiner Vorzugsposition verdrängt. Einige Jahre brauchte es nicht zu teilen. Jetzt steht das zweite Kind im Mittelpunkt. Die gesamte Aufmerksamkeit gehört diesem zweiten Kind. Die Mutter ist tagaus, tagein mit dem Kleinen beschäftigt. Das älteste Kind fühlt sich vernachlässigt, nicht mehr geliebt und unter Umständen verstoßen.

Auch Herr Müller zeigt als Kind von drei Jahren eine veränderte Persönlichkeit. Die Schwester hat sein Leben revolutioniert. Mit Hass, Neid und Misstrauen begegnet er ihr und der Mutter. Sie haben ihn an den Rand gestellt, wie er glaubt. Und das wird er im späteren Leben verhindern. Er wird sich nicht wieder zurückweisen, vernachlässigen und an den Rand drängen lassen.

Was ist der Unterschied zwischen Eifersucht und Neid?

Die griechische Sprache kennt zwei Begriffe für Eifersucht und Neid, nämlich *zaelos* und *phtonos*. Der erste Begriff kann positiv und negativ gebraucht werden. Der zweite wird durchweg negativ verwendet. Der positive Gebrauch von zaelos bezieht sich auf Gott, auf seinen Eifer und seine Eifersucht. Gottes Eifersucht ist heilig. Sie ist rein in ihren Motiven. Im Hinblick auf Götzendienst lässt der lebendige Gott keine Kompromisse zu.

Sofort nach der Vertreibung aus dem Paradies geschieht ein Eifersuchts-Vergleichsmord. Kain ist eifersüchtig auf seinen jüngeren Bruder. Wer hat das Sagen, der Älteste oder der Jüngste? Wer empfängt den Segen, der Älteste oder der Jüngste? Was ist wichtiger, Ackerbau oder Viehzucht? Kain kann seine Mordgelüste nicht unterdrücken. Der erste Eifersuchtsmord der Weltgeschichte findet statt. Die Bibel nennt Neid und Eifersucht deutlich als Folgen des Sündenfalls.

Neid hat etwas mit Missgunst, Abgunst zu tun. Wer missgünstig ist, gönnt dem andern etwas nicht. Wer abgünstig ist, will zerstören, entwerten und herabmindern. Neid empfindet keinen Schmerz über das Unglück des Freundes, sondern eben gerade über seine Erfolge. Neid ärgert sich über Wohlstand, das Gute und Erfolgreiche. Neid, sagt Euripides, ist die größte Krankheit unter den Menschen.

Die Schweizer Professorin Verena Kast unterscheidet zwischen Neid und Eifersucht. Sie schreibt: «Wenn wir eifersüchtig sind und meinen, jemand nehme uns etwas weg, auf das wir Anrecht haben, dann sind drei Menschen beteiligt; beim Neid stehen nur zwei Menschen im Spiel. Selbstverständlich greift bei der Eifersucht auch der Neid ein, denn meist werden ja die Rivalin oder der Rivale beneidet. Eifersucht hat im Grunde immer mit Angst zu tun. Mit der Angst, Liebe, Zuwendung, Besitztum, Bedeutung oder Ansehen mit jemandem teilen oder gar verlieren zu müssen.»[12]

In der Tat: Eifersucht ist Angst. Angst, verlassen, zurückgesetzt und entthront zu werden. Und hier beginnt die *Lebenslüge*. Neid beginnt mit *leeren* Händen. Man ist neidisch auf das, was man nicht hat. Eifersucht beginnt mit *vollen* Händen. Ich fühle mich bedroht, wenn mir etwas genommen wird.

Der Eifersüchtige kommt sich klein, verletzt, unterlegen, abgeschoben und überflüssig vor. Diese Gefühle speichert er in seinem Leben und klammert sich daher später an seinen Partner. Er will ihn besitzen. Er sieht in ihm sein Eigentum, das er festhalten möchte.

Auch Herr Müller will seine Frau nur für sich. Alle Besuche bei Freundinnen und Bekannten sind ihm ein Dorn im Auge. Sie soll nur Augen und Blicke für ihn haben. Sein Misstrauen ist grenzenlos. Er steigert seine Ansprüche. Durch vermehrte Zuwendung soll ihm die Partnerin ihre Liebe bezeugen. Unter der Hand wird die Liebe zur Despotie und zur Herrschsucht. Seine Fürsorglichkeit ist in der Tat Kontrolle. Die Eifersucht eskaliert und wird zu einem belagerungsähnlichen Zustand.

Deutlich wird: Eifersucht ist eine *Lebenslüge*. Hinter der Liebe, die vorgetäuscht wird und an die sogar der Betroffene glaubt, versteckt sich Besitzgier. Und Besitzgier hat mit wahrer Liebe nichts zu schaffen.

Der Eifersuchtswahn

Eifersucht ist das Symptom einer tief verwurzelten Selbstwertstörung. Ereignisse können zwar wahrgenommen werden, wie sie sind, aber sie werden – dem Lebensstil entsprechend – so umgedeutet, dass sie die *wahnhafte Verzerrung* aufzeigen. Der Eifersuchtswahn ist sehr schwer therapeutisch und seelsorgerlich zu behandeln, und ich gestehe, dass etliche Behandlungen mehr oder weniger erfolglos verliefen oder – aus welchen Gründen auch immer – von Klienten abgebrochen wurden.

Im Folgenden schildere ich eine erfolgreiche Behandlung. Die Ehe wird heute zufriedenstellend geführt, die zerstörerische, eifersüchtige Wahnhaltung des Mannes ist abgebaut, wenn auch Misstrauen und Pessimismus noch zum Teil seinen Lebensstil beeinflussen.

Herr B. kommt in die Beratung, weil Frau und Schwiegermutter ihn gedrängt haben, aber auch weil er selbst wissen will, was mit ihm los ist. Er mustert mich anfänglich äußerst misstrauisch und kommt erst allmählich mit seinem Problem heraus. Als er berichtet, klammert er sich fest an seine Aktentasche, die er nicht aus den Händen legt.

Herr B. ist 38 Jahre alt und seit neun Jahren verheiratet. Sein Hauptproblem: Er ist «hochgradig eifersüchtig», wie er schildert, und sieht in allen Männern, die in die Nähe seiner Frau kommen, potentielle Verführer. Seine Frau muss alle Kontakte mit Männern auf ein Minimum beschränken, jedes Wort auf die Goldwaage legen und ihrem Mann mindestens zehnmal am Tag bescheinigen, «dass sie ihn über alles liebt».

Seine Frau kommt gern in die Beratung, wie sie beteuert. Sie liebe ihren Mann, obschon er ihr oft «auf den Wecker gehe». Er habe ein merkwürdiges Benehmen, unbegreiflich und für sie nicht durchschaubar. Seine Eifersucht sei bestimmt krankhaft, das wisse sie genau. Er sei extrem misstrauisch und behaupte oft Sachen, die einfach lächerlich seien. Liebesbeweise brauche er täglich, am liebsten stündlich.

Auf meine Frage, wie solche Liebesbeweise aussehen, erzählt Frau B., dass sie zunächst mit Worten ihre Liebe demonstriere, dann aber auch mit Küssen, verliebten Blicken, körperlichen Streicheleinheiten und auch mit besonderen Speisen, die ausschließlich für ihn bestimmt seien. Außerdem absolviere sie jeden Tag einen «Entschuldigungszirkus». Für alles und nichts würde sie sich bei ihm entschuldigen.

Die Frau sieht attraktiv aus, was seine Eifersucht nur be-
flügelt. Herr B. ist durch und durch Pessimist und sagt: «Sie
ist bei allen beliebt. Ich stehe völlig im Schatten. Sie wird
von Männern überall bevorzugt behandelt. Ich komme mir
immer nur geduldet vor.»

Ich: «Sie kommen sich nur geduldet vor?»

Er: «Noch niemals habe ich in meinem Leben das Gefühl
gehabt, richtiggehend gebraucht zu werden. Noch nie habe
ich erlebt: *Ohne dich geht es nicht.* Sehen Sie, ich arbeite in
einem Konstruktionsbüro. Fünf Leute stehen wie ich am
Reißbrett. Glauben Sie nicht auch, dass ich jederzeit aus-
getauscht werden kann?»

Ich: «Und Sie glauben, auch als Ehemann sind Sie aus-
tauschbar?»

Er: «Das ist meine Sorge. Meine Frau ist hübsch, sehr
hübsch sogar. Sie kann ganz andere Männer haben. Ich
möchte sie am liebsten einschließen. Ein Gang mit ihr
durch die Stadt ist ein Gräuel. Überall nur Männeraugen,
die sie anstarren.»

Und dann berichtet er eine «ganz schreckliche Geschichte».
Sie sei vor kurzem erst passiert. Noch jetzt packe ihn «läh-
mendes Entsetzen».

Er: «Wir wollten ins Kino. Ich sehe mir gern Krimis an. An
der Kasse drängten sich viele Männer. Meine Frau ging direkt hinter mir. Und ich beobachtete, als ich mich flüchtig
umsah, dass meine Frau von zwei Männern eng eingekreist
wurde. Sie drückten sich mit ihren Unterkörpern richtig un-
anständig an sie. Einer atmete schwer.»

Ich: «Und was ging in Ihnen vor?»

Er: «Ganz merkwürdig, Gedanken an den Tod schossen
mir durch den Kopf. Ich glaube, ich bin noch nie so traurig gewesen. Meine Frau zeigte keine Abwehr. Sie ließ es

sich gefallen. Sie blieb einfach stehen und tat nichts. Ich war ganz kraftlos und konnte die Karten an der Kasse nicht kaufen.»

Er macht eine Pause und wischt sich mit der Hand über die Stirn.

Ich: «Und Sie meinen, Ihre Frau hat wahrscheinlich sogar Gefallen daran gefunden?»

Er: «Sie hat ihre Gefühle vor mir versteckt. Das hat sie bestimmt erregt. Das muss sie erregt haben. Ich kenne sie zu genau.»

Ich: «Ist Ihre Frau in der sexuellen Liebe denn leicht entflammbar?»

Er: «Sie ja, aber ich nicht. Woran es liegt, weiß ich nicht. Bei mir klappt es nur, wenn meine Frau mich innig bittet. Sie muss es mir zeigen, dass sie mich leidenschaftlich begehrt.»

Ich: «Und sie tut das.»

Er. «Oft. Und immer hat es geklappt. Nur an dem Abend, als wir ins Kino wollten, war ich wie tot. Keine Regung. Bis heute. Das macht mich wahnsinnig. Ich sehe die geilen Kerle vor mir – und es ist aus.»

Er kneift sich in die Ohren, fährt sich durch die Haare und hat einen wirren Gesichtsausdruck.

Ich: «Sie haben mir das Erlebnis vor dem Kino noch nicht zu Ende erzählt.»

Er lässt seine Hände kraftlos in den Schoß fallen.

Er: «Als ich das mit den Männern sah, trat ich wie benommen aus der Reihe. Alle Glieder waren schlaff.»

Ich: «Und was tat Ihre Frau?»

Er: «Sie stürzte auf mich zu und fragte, was los sei, ob mir schwindelig wäre oder irgendso etwas. Ich konnte es nicht sagen, bis heute konnte ich es ihr nicht sagen.»

Ich: «Und wie hat Ihre Frau den Vorfall behandelt?»

Er: «Bis heute hat sie mir nichts davon gesagt. Scheinheilig ist sie darüber hinweggegangen. Ich bin sicher, sie schämt sich. Sie wagt nicht, mit mir darüber zu sprechen. Und das ist eben das Erschütternde. Sie hat nichts getan. Sie hat es sich gefallen lassen. Von Anfang an habe ich gewusst: *Sie wird dir nicht treu sein*, und meine wahnsinnige Angst ist, dass ich das immer wieder erleben werde.»

Er macht wieder eine Pause, und dann kommt ein plötzlicher Ausbruch. «Wissen Sie, meine größte Angst ist, dass ich in absehbarer Zeit in der Klapsmühle lande.»

Ich: «Ist das Ihre eigene Überzeugung, oder woher haben Sie das?»

Er: «Keiner wagt es mir direkt zu sagen, aber sie machen Andeutungen oder tuscheln hinter meinem Rücken. Und ich bin allmählich selbst davon überzeugt. Ich drehe durch, ich packe es nicht mehr.»

Ich erinnere mich, dass er in der zweiten Beratungsstunde etwas verwirrt ins Zimmer kam. Er berichtete, dass zwei wartende Klientinnen sich flüsternd unterhalten hätten. Die eine habe ihn dabei genau beobachtet. Einen Augenblick sei ihm das Blut in den Kopf gestiegen, was ihm leider immer wieder passiere, und er habe gedacht: «Sie machen sich über dich lustig. Die sehen dir an, was du für ein Armleuchter bist. Sie sehen dir an, dass du sexuell eine Niete bist.»

Herr B. war das dritte Kind von fünf Geschwistern insgesamt. Seine Eltern lebten ständig im Streit. Die Mutter provozierte mit Kritik, Vorwürfen und Anklagen. Der Vater wurde Vertreter und «machte sich auf die Socken», wie die Mutter das nannte. Sie hatte ihn aus dem Haus getrieben. Die Mutter klagte über die vielen Kinder, die ihr der Mann «angedreht» hatte. Herr B. musste daraus schließen, dass er unerwünscht war.

Sein erstes frühkindliches Erlebnis lautet: «Ich stehe meiner Mutter im Weg. Sie schimpft mit mir und schiebt mich ab in die Rumpelkammer. Da sieht es verheerend aus, außerdem ist es da sehr kalt. Ich kann mich nicht setzen, nur Unrat. Ängstlich starre ich auf eine ausgestopfte Eule, die mich mit ihren Blicken verfolgt. Ich habe wahnsinnige Angst.»

Das frühkindliche Erlebnis zeigt – wie bei einem modernen Gemälde – mit knappen Strichen die jetzige Situation. Die Entwicklung und der Lebensstil des erwachsenen Mannes lassen sich aus den wenigen Sätzen herauskristallisieren.

Die Deutung der frühkindlichen Erinnerung

Herr B. steht *im Weg,* und Menschen, die im Weg stehen, sind im Grunde überflüssig. Sie werden bestenfalls geduldet. Er redet sich ein, von seiner Mutter, seiner Frau und der Firmenleitung nur *geduldet* zu sein. Von sich selbst sagt er in einem Beratungsgespräch: «Ich stehe völlig im Schatten.»

Die Frau im Licht, er im Schatten.

Herr B. fühlt sich in die *Rumpelkammer* abgeschoben. In der Rumpelkammer bewahrt man Gegenstände auf, die noch nicht völlig wertlos sind, aber auch im täglichen Leben nicht unbedingt einen Ehrenplatz einnehmen. Er fristet ein geduldetes Dasein. In der Rumpelkammer des Lebens ist für Schwächlinge und Nieten noch ein Platz.

Herr B. kann sich *nicht setzen* und einen festen Platz einnehmen. Er zählt sich nicht zum festen Inventar. Er steht da herum. In der Rumpelkammerwelt ist es kalt und ungemütlich. Das Leben ist hart, die Welt ist kalt, feindlich und ungerecht.

Herr B. erlebt eine *wahnsinnige Angst.* Angst spielt im gesunden und kranken Seelenleben eine bedeutende Rolle. Angst liegt allen Lebensschwierigkeiten zugrunde. Sie entsteht aber nicht durch eine Daseinsbedrohung, sondern ist eine Spiegelung der Befürchtungen, in den Augen der Bezugsperson an Wert und Bedeutung zu verlieren.

Herr B. erlebte eine ungeborgene Kindheit. Die Angst, nicht gemocht, nicht erwünscht und nicht bejaht zu werden, verstärkt seine Beziehungsstörung. Je größer die Angst, um so größer die Selbstwertstörung. Herr B. hat wahnsinnige Angst und damit wahnsinnige Selbstwertstörungen.

Herr B. bringt auch seine *wahnhaften Befürchtungen* zum Ausdruck. Die ausgestopfte Eule, die ihn mit Blicken verfolgt, ist Ausdruck des sensitiven Beziehungswahns, wie Ernst Kretschmer dieses paranoide Verhalten bezeichnet. Er fühlt sich beobachtet – wie in der Beratungsstunde –, fühlt sich verfolgt und sieht sich diskriminiert, verspottet und verlacht. Er glaubt, dass «die böse Eule» Schlimmes im Schilde führt, und er wird immer wieder Beweise für seine Vermutungen finden.

Was sind Wahnvorstellungen?

Als Wahn werden Vorstellungen und Ideen bezeichnet, die der Einzelne zu Unrecht für wahr hält. Allerdings bestimmt die Mehrheit in unserer Kultur, worin sich Wahn und Nichtwahn unterscheiden. In der Regel ist es die *Familie,* die zum Wahn erzieht. Die Familie übernimmt Sprache, Wertewelt, die Vorstellung von Realität und damit auch die Irrealität.

Für die Wahnbildung wird in erster Linie die gestörte Mutter-Kind-Beziehung verantwortlich gemacht. Mütter, die sich beispielsweise vom Mann vernachlässigt fühlen und offenbar nur ungenügend akzeptiert sind, neigen dazu, beim Kind Ersatz für die vermissten Befriedigungen zu suchen und damit das Kind in seiner Entwicklung zu überfordern und zu stören.

Die *Selbstentfremdung* spielt eine große Rolle. Die eigenen Gefühle, Bedürfnisse und Motive werden verzerrt gesehen. Der zum Wahn neigende Mensch hält sich gleichzeitig für machtlos und für übermächtig. Er sieht sich als hilflos und kann sich gleichzeitig überschätzen.

Der Eifersuchtswahn ist mit großem *Schamgefühl* verbunden. Bei Herrn B. wird das überdeutlich.

Die beraterische Hilfestellung

Herr B. muss den *Nutzeffekt* seiner Eifersucht erkennen. Eifersucht ist nicht sinnlos, wie Frau und Freunde vermuteten. Mit Eifersucht verfolgt der Mensch einen Zweck.

Herr B. muss lernen, was er mit seinen Eifersuchtsattacken bezwecken will: Er will Druck, Gewalt und Besitzgier ausüben.

Herr B. muss sich fragen: «Was kann ich tun, damit ich eine zufriedene Partnerin bekomme?»

Herr B. hat nun eine Partnerin, die ihn nicht mehr belügt. Sie wollte ihn mit ihren Lügen schützen. Keine falschen Spiele mehr, kein Entschuldigungszirkus, keine aufgesetzten «Liebesbeweise». Und das Wichtigste: Sie fühlt sich nicht mehr gedemütigt und missachtet.

Herr B. lernt, sich nicht mehr als klein, unbedeutend, als in die Rumpelkammer abgeschoben und im Leben überflüssig zu sehen. Er kann sich besser annehmen, er kann seine Arbeit akzeptieren, er kann seine Freunde bejahen.

Die Beratung hat mehr als ein Jahr gedauert. Es hat Rückfälle gegeben, es hat Auseinandersetzungen gegeben. Aber die Ehe hat gehalten. Die Frau leistete ohne Zweifel dabei den größten Beitrag. Sie hat an ihn und an diese Ehe geglaubt.

Beide schrieben früher den christlichen Glauben klein. Der Mann war von Zweifeln zerfressen. Beide wagten einen Neuanfang im Glauben. Der schweißte sie zusammen. Er gab ihnen die Kraft, mit der wahnhaften Eifersucht, mit der *Lüge des Mannes* – «Meine Frau betrügt mich laufend!» – fertig zu werden.

Kapitel 9
Die Lüge «Alles oder nichts»

Nicht wenig Menschen huldigen dem Alles-oder-nichts-Denken. Sie wollen das Höchste, das Beste, das Schönste, das Ideale, das Vollkommene –
    oder sie geben auf,
    sie resignieren völlig,
    sie bringen sich um.

Das tragische Beispiel des beliebten Torwarts von Hannover 96, Robert Enke, ist vielen noch im Gedächtnis. Eine schwere Depression hat zweifellos sein Alles-oder-nichts-Denken beeinflusst. Seine Devise soll gewesen sein: «Entweder ich werde Nationaltorwart, oder ich bringe mich um.»
    Solche Vorstellungen sind übertrieben.
    Solche Selbsttäuschungen schaden der Gesundheit.
    Solche Überzeugungen ruinieren das Zusammenleben.
    Solche Lebensziele sind *Lügen*, weil sie zerstörerisch wirken.

Dieses Denken treibt nicht wenige Menschen um. Sie praktizieren ein Verhalten, das eine Schwarz-Weiß-Einstellung beschreibt.
    Die Devise lautet:
    Sekt oder Selters,
    eine Laus oder Napoleon,

Sieg oder Niederlage,
Ordnung oder Chaos,
Rot oder Tod,
Millionär oder Bankrotteur,
ganz oder gar nicht,
schwarz oder weiß,
Schande oder Triumpf,
Top oder Flop.

Ein absolutistischer Denkstil

Wer das Motto «Alles oder nichts» zu seiner Lebensmaxime macht, setzt möglicherweise seine Gesundheit aufs Spiel. Dieser Denkstil ist in der Regel gepaart mit einem Hang zum Perfektionismus.

«Ich *muss* unbedingt so handeln.»
«Ich *sollte* unbedingt dieses oder jenes tun.»

Zwei Psychologen untersuchten in einer Studie achtzig Lehrer, die jeweils zwei schwierige Situationen in ihrem Schulalltag beschreiben sollten, die sie entweder erfolgreich behandelt oder als eigene Niederlage erlebt hatten. Diese Interviews wurden im Hinblick auf Bewältigungsstrategien, den Umgang mit Gefühlen und begleitende Denkprozesse in Problemsituationen analysiert.

Als «absolutistisch» eingestufte Personen klagten dabei über weit mehr körperliche Beschwerden wie permanente Müdigkeit oder Kopfschmerzen als ihre viel gelasseneren Kollegen. Ein Denken gemäß dem Leitsatz «Ganz oder gar nicht» ging ebenfalls mit deutlich mehr psychischen Problemen einher.[13]

«Ihr werdet sein wie Gott»

«Alles oder nichts»-Menschen sind von der Richtigkeit ihrer eigenen Werte überzeugt, fühlen sich jedoch persönlich angegriffen, wenn andere Menschen ihre Meinungen nicht teilen. Sie geraten in negativen Stress. Körperliche und psychische Symptome sind dann die Folge.

Schon die ersten Menschen im Paradies hatten mit dem Entweder-oder-Denken ihre Probleme. Der Teufel packt sie genau an dieser Schwachstelle: «Ihr werdet sein wie Gott.»

Bisher kannten sie nicht die *volle Wahrheit*.

Gott hatte ihnen die dunkle Seite vorenthalten. Er wollte ihnen das wirkliche Paradies schenken und ganz gewiss keine menschliche Hölle. Aber der Mensch gibt sich damit nicht zufrieden.

Er will *alles* wissen.

Er will *alles* machen.

Er will *alles* dürfen.

Er will *sein wie Gott*.

Der Mensch hat der Stimme Satans mehr Gehör geschenkt als der Stimme Gottes. Offensichtlich muss das Prinzip «Alles oder nichts» eine ungeheure Anziehungskraft besitzen. Der Mensch setzt dabei sein Leben und das Paradies aufs Spiel.

Es gibt kein Mittelmaß

Ein Durchschnittseinkommen interessiert diesen Menschen nicht.

Eine Durchschnittsnote lehnt er ab.

Ein Durchschnittsleben will er nicht führen.

Der Psychoanalytiker Horst Eberhard Richter spricht von der «Fortschrittsgigantomanie».

Unsere Ansprüche sind nicht zu stoppen.

Unsere Ansprüche laufen Amok.

Wie sagte Blaise Pascal, der französische Denker und Philosoph: «Machen wir uns unsere Bedeutung klar: Wir sind etwas, aber nicht *alles*.»

Ich schaffe das Höchste, das Beste, das Teuerste, das Wagemutigste – oder ich kapituliere, ich falle ins Nichts.

Professor Wolfgang Schmidbauer, Psychoanalytiker und Schriftsteller, beschrieb in einem seiner Bücher diese Alles-oder-nichts-Einstellung so:

«Wer mit der Einstellung ‹Alles oder nichts› lebt, wird immer wieder in Situationen kommen, in denen die eigenen Ziele unerreichbar scheinen. Aus dem Gefühl, das Entscheidende versäumt zu haben, entsteht eine lähmende Leere, die keine neuen Wünsche zulässt. So vernichtet der Überanspruch, das Perfektionsideal – etwa eines vollkommenen Partners – die Chancen, ein erfülltes und glückliches Leben zu führen.»[14]

Lügen sind:

Idealisierte Erwartungen,

Überansprüche,

Perfektionismus,

zu hoch gesteckte Ziele.

Menschen mit diesen Ansprüchen erleben sich oft als «verkannte Genies». Sie identifizieren sich mit einem überspannten Größenideal.

Wie entwickelt sich ein Alles-oder-nichts-Syndrom?

Welche Lebensauffassung hat sich in der Kindheit gebildet? Welche unbewussten Ziele verfolgt ein Kind damit? Welche Rolle glaubt das Kind im Leben spielen zu müssen?

Möglichkeit 1: «Ich bin ein ganz besonderes Kind.»

Dieses Kind entwickelt die Überzeugung:
Ich bin etwas Ungewöhnliches.
Ich bin etwas sehr Wertvolles.
Ich bin anders als die andern.

Möglichkeit 2: «Ich muss im Vordergrund stehen.»

Diese Kinder geben den Ton an. Sie wollen führen und bestimmen. Sie wissen alles besser. Diese Kinder haben es bei ihren schwachen Eltern verstanden, sich eine Sonderrolle zu verschaffen. Diese Kinder haben Schwierigkeiten mit Gleichaltrigen. Auch später im Leben produzieren sie Boss-Allüren.

Möglichkeit 3: «Ich muss die Wünsche der Erwachsenen erfüllen.»

Dieses Kind glaubt, im Dienste der Bedürfnisbefriedigung anderer Menschen zu stehen.
Es *muss* ankommen.
Es *muss* gefallen.
Es *muss* im Mittelpunkt stehen.
Dieser Mensch *will* nicht, nein: Er *muss*.
Dieser Mensch *möchte* nicht, nein: Er *soll*.

Zusammenfassung

All diese Kinder entwickeln einen übergroßen Wunsch nach *Anerkennung*. Das Alles-oder-nichts-Prinzip wird zu ihrer Lebensgrundüberzeugung. Sie denken:

Ich bin der Beste oder der Schlechteste.

Ich bin der Gewinner oder der Verlierer.

Ich bin ganz oben oder ganz unten.

Ich erreiche das Vollkommene, oder ich kapituliere.

Ich finde den Traumpartner, oder ich bleibe ledig.

Das Mittelmaß ist unvorstellbar.

«Das verstiegene Ideal»

So nennt der Schweizer Therapeut Ludwig Binswanger dieses Denken. Die Menschen haben sich verstiegen.

Ihre Ideale sind *übersteigert*.

Ihre Maßstäbe sind *übertrieben*.

Ihre Erwartungen sind *maßlos*.

Ein Bergsteiger, der sich verstiegen hat, landet in der Sackgasse. Er muss aus seiner ausweglosen Lage befreit werden. Und die Folgen?

Je höher die gesteckten Ziele, desto tiefer der Fall.

Je höher die Erwartungen, desto größer die Enttäuschungen.

Die Frage stellt sich: Ist es ungesund, hohe Ziele zu haben? Nein. Die Gefahren liegen woanders. Wer hohe Ziele anstrebt, muss auch mit Niederlagen leben können. Wer hohe Maßstäbe anlegt, muss auch mit Misserfolgen leben lernen. Wer Ideale anstrebt, muss auch mit Katastrophen rechnen. Wer das nicht will oder kann, der landet in der Resignation und in der Verzweiflung. Er spielt mit dem Nichts.

Auch der Franziskaner Richard Rohr geht hart mit seinem «Idealismus» ins Gericht, wenn er schreibt:

«Ich gehe wieder von mir selbst aus. Wir EINSER sind idealistisch und perfektionistisch. Wir wollen die Welt vervollkommnen. Wir ärgern uns – meist heimlich –, weil die Welt nicht vollkommen ist. Gleichzeitig sind wir Genies der Wahrnehmung: Deutlicher als andere sehen wir, was tatsächlich nicht in Ordnung ist. Es kann aber die Hölle sein, damit zu leben. Wenn wir uns selbst überlassen bleiben, werden wir hyperkritisch. Nörgler, Leute, deren Gegenwart anderen mit der Zeit auf den Geist geht. Denn zu viel des Guten wird automatisch etwas Schlechtes.»[15]

Viele hochherzige Idealisten *meinen* es gut, machen es aber nicht gut. Ihre überhöhten Prinzipien machen ihnen zu schaffen. Sie spüren den Kampf zwischen Gut und Böse, zwischen Fleisch und Geist, zwischen Ideal und Realität. Der Konflikt zwischen der Vollkommenheit ihres Ideals und ihrer eigenen Unvollkommenheit macht sie unglücklich und unzufrieden. Nicht wenige scheitern.

Menschen mit verstiegenen Idealen können sich Sünden, die sie begangen haben, nicht verzeihen. Sie erwarten, dass Gott Sünde vergibt, weil er der barmherzige und gnädige Gott ist. Doch selbst behandeln sie sich ungnädig. Im Grunde wollen sie Gott rechts und links überholen. Menschen mit einem verstiegenen Ideal leiden an einem grandiosen Überheblichkeitsstreben.

Im Hochleistungssport habe ich einen klugen Satz gelesen, der die Alles-oder-nichts-Einstellung widerspiegelt: «Der Trainer hat alles getan, er hat alles trainiert, nur nicht die Niederlage.»

Wie viele sehen nur das Treppchen, auf dem sie den Triumph genießen, aber nicht die Tränen, die sie weinen, wenn der Erfolg ausbleibt.

Wer nicht verlieren kann, muss leiden.

Wer Niederlagen nicht einstecken kann, kann sich in die Verzweiflung stürzen.

Wer alles will, steht plötzlich vor dem Nichts.

Das Schwarz-Weiß-Schema

Der Psychiater Werner Hut hat ein grundlegendes Werk über «Glaube, Ideologie und Wahn» geschrieben. In dem Buch findet sich der Satz:

«Die meisten Gräueltaten der Menschheitsgeschichte wurden ‹reinen Herzens› begangen. Das heißt doch wohl, dass Ideologie von ihren Anhängern meistens ohne Gefühl und Zynismus durchgezogen wird.»

Der normale Mensch weiß
um Schwarz und Weiß,
um Licht und Dunkel,
um Höhen und Tiefen.

Er versucht sich mit seinen Schattenseiten zu arrangieren. Aber eine Persönlichkeit, die ideologisch gesteuert ist, wird mit ihren Extremen nicht fertig. Mitteltöne existieren nicht. Zwischentöne werden ausgeblendet.

Der Ideologe hat sich dem Alles-oder-nichts-Prinzip verschrieben.

Er strebt nach dem *Totalen,*
nach dem *Absoluten,*
nach dem *Nonplusultra.*

Er kennt nur ein *Dafür* oder ein *Dagegen.* Zwischentöne werden komplett eliminiert.

Noch einmal ein Zitat des schon genannten Wolfgang Schmidbauer:

«Das Festhalten an zerstörerischen Idealen, die wiederholt die realen Befriedigungsmöglichkeiten beeinträchtigen, gibt dem Individuum ein Maß an Macht, das auf andere Weise nicht zu erwerben ist. Wer Leiden in Kauf nimmt, gewinnt Macht über alle Menschen, die an seinem Wohlergehen interessiert sind. Er kann das moralische Gefühl der Hilfsbereitschaft ausbeuten. [...] Die meiste Macht gewinnt, wer bereit ist, den eigenen Tod in Kauf zu nehmen. Die Selbstmorddrohung ist häufig das letzte Mittel, eine idealisierte Objektbeziehung aufrechtzuerhalten.»[16]

Insgesamt: Alles-oder-nichts-Bestrebungen sind gefährlich. Es handelt sich um destruktive Ideale. Sie sollen überhöhte Ziele befriedigen. Diese Menschen machen sich und anderen das Leben zur Hölle. Viele geraten in eine innere Erstarrung, in die Depression oder sogar in den Selbstmord.

Die *Lügen*, die hinter solchen Idealansprüchen lauern, sind deutlich geworden.

Hilfen für diese Überansprüche finden Sie im letzten Kapitel dieses Buches.

Kapitel 10
Lebenslügen als Selbstmitleid

«Hannas Problem war der Neid. Sie beneidete jedermann: ihre Schwester, ihre Mutter, ihren Freund, andere Mädchen. [...] Aber ihr Selbstmitleid half ihr nicht. Sie war wie eine Schallplatte: Die Nadel blieb darin hängen, und durch den Lautsprecher schepperte die eintönige Melodie: ‹Ich komme zu kurz – ich komme zu kurz – ich komme zu kurz.› Hanna schwamm in Selbstmitleid, und dabei wurden ihre Probleme immer größer, die Niedergeschlagenheit schwerer, der Neid ätzender. Was konnte man tun?»[17]

Selbstmitleid kennt viele Gründe und Motive

Ein Motiv beschreibt der amerikanische Seelsorger Jay E. Adams, der dieses Fallbeispiel schildert, gleich selbst. Hanna schwimmt in Selbstmitleid, weil sie von einem ätzenden Neidproblem heimgesucht wird: Sie redet sich ein,
zu kurz zu kommen,
vernachlässigt zu werden,
zurückgesetzt und
nicht ernst genommen zu werden.

Selbstmitleid hat eine selbstzerstörerische Wirkung. Es schädigt den Organismus und ist ausgesprochen unfruchtbar. Der Mensch konzentriert sich auf sich selbst, auf seine Rechte und Defizite. Er macht anderen Vorwürfe. Wer

Selbstmitleid pflegt, ist alles andere als gelassen. Neidisch schaut er auf andere, denen es vermeintlich besser geht, grüblerisch pflegt er seine Bitterkeit, die ihm den Frieden raubt.

Positives Nachdenken und Grübeln, das sind zwei Paar Schuhe. Bitterkeit, Neid und Selbstmitleid sind destruktive Einstellungsmuster. Sie bescheren uns negativen Stress. Wie sagte Mutter Teresa: «Selbstmitleid ist eine Ohrfeige für die, denen es wirklich schlecht geht.»

Welche Aussagen spiegeln Selbstmitleid wider?

Im Alltag ertappen wir uns häufig dabei, dass uns Selbstmitleidsregungen überfallen. Wir möchten uns zurückziehen und unseren Schmerz genießen. Wie lauten solche Selbstmitleidsaussagen?

«Da kann man wirklich nichts machen!»

«Warum hat Gott das zugelassen?»

«Ich könnte den ganzen Tag heulen und mich im Zimmer einschließen.»

«Ausgerechnet mir muss das passieren! Was habe ich getan, dass ich so bestraft werde?»

«Ich will keinen Menschen sehen und auch mit keinem reden. Mir ist nicht zu helfen!»

«Ich möchte mich am liebsten in ein Schneckenhaus verkriechen.»

Selbstmitleid als Klagesucht

Ein Mensch, der von Selbstmitleid befallen ist, handelt wie ein Kind, nicht wie ein Erwachsener.

- Ich werde *vernachlässigt*.
- Ich werde *abgelehnt*.
- Ich werde *benachteiligt*.
- Ich muss mich *selbst bedauern*.
- Ich werde *nicht geliebt*.

Ein Beispiel aus meiner Beratungspraxis soll dieses neuroti-sche Selbstmitleid verdeutlichen:

Frau Schwarz ist 36 Jahre alt, unglücklich verheiratet mit einem angesehenen Mathematiklehrer eines Gymnasiums. Herr Schwarz hat sie angemeldet, weil er die ständigen Klagen seiner Frau nicht mehr ertragen kann.

«Sie ist eine chronische Schwarzseherin und macht ihrem Namen alle Ehre. Wir sind zehn Jahre verheiratet, aber sie versteht es meisterhaft, den hellen Tag dunkel zu machen. Gott, die Welt und nicht zuletzt unsere Kinder und ich müssen leiden, weil sie sich als nicht erwünscht erlebt.»

Kurze Zeit später kommt Frau Schwarz zum ersten Gespräch.

«Ich bin Christin, aber Gott meint es nicht gut mit mir. Ich bin das älteste Kind meiner Eltern, die mich am liebsten abgetrieben hätten, weil ich alle ihre Zukunftspläne und beruflichen Ziele kaputtgemacht habe. Mein Mann lehnt mich ab, weil ich nicht den ganzen Tag ‹Halleluja› singe und mir seit meiner Kindheit das Lachen vergangen ist.»

Frau Schwarz braucht keine konkreten Anlässe, um zu klagen und sich selbst zu bedauern. Sie beherrscht die Kunst, sich, das Leben, die Welt und Gott in bedauernswertem Licht zu sehen. Frau Schwarz ist überzeugt, keine wirkliche Liebe erfahren zu haben. Die Eltern haben ihr Leben zerstört, sie kann nur noch mit großem Bedauern vor sich hin vegetieren. Sie glaubt auch nicht, dass ihr beraterisch oder seelsorgerisch grundlegend zu helfen ist. Ihr Selbstmitleid hat eine solch chronische Verfestigung erfahren, dass alle Ermutigungen wie ungekochte Erbsen zurückprallen, die man gegen die Wand wirft.

Der holländische Psychotherapeut G.J.M. van den Aardweg, der sich eingehend mit dem neurotischen Selbstmitleid beschäftigt hat, kennzeichnet dieses Leiden folgendermaßen:

«Ein Kind, das sich verletzt fühlt, wird, besonders wenn es sich als jemanden erlebt, der abgelehnt oder gegenüber anderen in der einen oder anderen Weise benachteiligt ist, mit Selbstmitleid reagieren. Das Gleiche gilt für den Fall, dass es sich als weniger geachtet oder nicht geliebt empfindet. Dann ist die Reaktion des Selbstmitleids Trauer über sich selbst. [...] ‹Ach, ich Armer!›, klagt es. ‹Niemand versteht mich. Ich bin ja ein bemitleidenswertes armes Geschöpf!› [...] Das Weinen ist demnach Mitleid mit sich selbst oder das auf seinen Ausgangspunkt zurückgeworfene Mitleid. Man weint über das Bild, das man von sich hat, als würde man vor Mitleid über einen anderen Menschen weinen.»[18]

Van den Aardweg weist auf folgende Aspekte des Selbstmitleids hin:

- Dieser Mensch empfindet Mitleid mit sich selbst, wie andere Mitleid mit anderen haben.
- Dieser Mensch erlebt die eigene Person, das eigene Schicksal als bemitleidenswert.
- Dieser Mensch erlebt Mitleid als Selbsttröstung.

Auf der Witzseite einer Tageszeitung fand ich eine hilfreiche Beschreibung von Selbstmitleid:

«Keiner in der Schule kann mich ausstehen», jammert der Sohn. «Die Lehrer nicht, die Kinder nicht und der Hausmeister auch nicht. Ich gehe nicht mehr hin.»

«Du musst aber hin», sagt die Mutter, «du bist nicht krank und erst 43 Jahre alt, und außerdem bist du der Direktor der Schule.»[19]

Selbstmitleid ist die wehmütige Klage des Selbstbedauerns. Der Mensch mit Selbstmitleid fächert sich Trost und Liebe zu und erwartet von der Umgebung, dass sie Rücksicht nimmt, ihn entschuldigt und mit Zuwendung versorgt.

Selbstmitleid wird durch Vergleich hervorgerufen

Wer Männer und Frauen erlebt, die an Selbstmitleid kranken, erfährt von ihnen, dass sie sich von klein auf verglichen haben. Fiel der Vergleich negativ aus, wurde wieder ein Baustein für Selbstmitleid zusammengetragen. Welche negativen Vergleiche können Selbstmitleid gefördert haben?

«Meine Eltern wurden geschieden. Andere Kinder haben es weitaus besser als ich.»

«Meine Eltern haben mich abgelehnt, ich sollte nicht geboren werden. Andere Kinder wurden ernsthaft gewünscht!»

«Ich habe keinen lieben Vater gehabt. Andere Väter kümmern sich ausgiebig um ihre Kinder.»

«Meine Eltern haben mich schulisch nicht gefördert; andere wurden extrem unterstützt.»

Der negative Vergleich beinhaltet, dass der eigene Wert herabgesetzt wird. Das Kind glaubt, Anerkennung und Zuwendung nicht verdient zu haben. Kommt dann eine Kritik der Eltern und Erzieher hinzu, bildet sich nach und nach ein handfestes Selbstmitleid heraus.

Selbstmitleid und Lebensstil

Der Lebensstil eines Menschen kennzeichnet sein Denken, Fühlen und Handeln. Die Grundüberzeugungen treten im Lebensstil zu Tage, genauso wie die Weltanschauung und die subjektive Deutung allen Geschehens.

Das neurotische Selbstmitleid ist im Lebensstil des Menschen wiederzufinden. Da jeder Lebensstil andere Aspekte widerspiegelt, muss auch der Klagesüchtige mit seinen speziellen Mustern gesehen werden. Selbstmitleid hat viele Gesichter. Wie können diese Muster in einer Lebensstil-Kurzfassung beschrieben werden?

- Selbstmitleid in der Maske des *Aschenputtels,*
- Selbstmitleid in der Maske des *Sündenbocks,*
- Selbstmitleid in der Maske des *schwarzen Schafs,*
- Selbstmitleid in der Maske des *Im-Stich-Gelassenen,*
- Selbstmitleid in der Maske des *Waisenkindes,*
- Selbstmitleid in der Maske des *Dummkopfes,*
- Selbstmitleid in der Maske des *Betrogenen,*
- Selbstmitleid in der Maske des *Opfers.*

Alle Beschreibungen verdeutlichen, dass das Selbstbild eines Menschen mit Selbstmitleid negativ ist. Unrecht und Benachteiligungen spiegeln sich in allen Schlüsselsätzen des Lebensstiles wider. Menschen mit Selbstmitleid fühlen sich minderwertig, ungeliebt und zurückgesetzt. Ein Zwang beherrscht den Betroffenen und fordert ihn ständig dazu auf, sich zu bedauern. Hausgemachte Einsamkeit und Isolation sind die Folgen dieser Klagesucht.

Wer an diesen Überzeugungen und *Lügen* festhält, muss sich auf ein Leben mit Konflikten, mit Belastungen und seelischen Störungen einrichten.

Mitleid und Selbstmitleid

Mitleid hat zweifellos eine positive und eine negative Seite.

Mitleid beinhaltet:

Teilnahme am Leiden;

mit dem anderen leiden;

sich ernsthaft für den anderen interessieren.

Die Betonung liegt auf *leiden*. Martin Luther formulierte: «Mitleidig sein heißt, sich eines anderen Menschen annehmen und sich die Not seines Nächsten zu Herzen gehen lassen. Wo Liebe ist, da nimmt man sich seines Nächsten so an, dass einem das Unglück seines Nächsten ebenso zu Herzen geht, als widerfahre es einem selbst.»[20]

Im Laufe der Jahrhunderte hat das Wort einen Bedeutungswandel erfahren. Schon im Zeitalter des Barocks wurde immer mehr das Gefühlhafte betont. Am Ende blieb nur ein billiges Mitleid übrig, das viele Menschen instinktiv ablehnen. Auch das Eigenschaftswort *mitleidig* klingt wie *wehleidig*. Der mitleidige Mensch leidet nicht mehr mit. Und der Theologe und Sprachforscher Friso Melzer deutet diese Form klagenden Verhaltens so:

«Er hat oder heuchelt nur noch ein Gefühl, damit steigt er zum anderen hinab; *er bemitleidet ihn*. Das Unfruchtbarste ist jedoch die *Selbstbemitleidung*. Gegen solches Mitleid des bloßen Gefühls hat sich Friedrich Nietzsche gewandt. In ‹Also sprach Zarathustra›, im Kapitel ‹Von den Mitleidenden›: ‹Ach, wo in der Welt geschehen größere Torheiten, als bei den Mitleidigen? Und was in der Welt stiftete mehr Leid als die Torheit der Mitleidigen?›»[21]

Im pädagogischen Bereich sieht es ähnlich aus. Für die Erziehung ist Mitleid ein schlechtes Beispiel. Wenn einem das

Kind leidtut, ungeachtet seiner Umstände, dann zeigt man damit,

dass man das Kind für *schwach* hält,

dass man dem Kind *den Mut zum Leben* nimmt,

dass man das Kind dazu verleitet, schwierigen Situationen *aus dem Wege zu gehen,*

dass man das Kind zum *Selbstmitleid* animiert.

Das Kind lernt, andere zum Mitleid für sich selbst zu bewegen – immer in der Hoffnung, dass diese die Probleme für das Kind lösen.

Ein amerikanischer Professor für Erziehungswissenschaft, Don Dinkmeyer, macht darum in einem Buch deutlich, worauf Eltern achten müssen:

«Es gibt viele Situationen, in denen es Erwachsenen sehr schwer fällt, kein Mitleid mit den Kindern zu haben. Eltern, die Kinder haben mit langwierigen Krankheiten oder Behinderungen, neigen dazu, diese Schwierigkeiten mit Überbesorgtheit zu lösen. Aber das behinderte Kind wird durch Bemitleiden der Eltern weit mehr gehandicapt als durch seine physischen Mängel. Ein solches Kind muss lernen, trotz seines Handicaps nach besten Kräften das Leben zu meistern. Es bedarf der Hilfe, der Ermutigung, um das Leben erfolgreich zu bestehen, und nicht des Mitleids.»[22]

Enttäuschungen und sogenannte Schicksalsschläge gehören zum Leben. Das Kind braucht kein Mitleid, sondern *Mitgefühl* und Ermutigung, um mit den Schwierigkeiten selbst fertig zu werden. Die Gefahr, dass es dem Selbstmitleid verfällt, ist sonst sehr groß.

Selbstmitleid als übertriebene Selbstliebe

Menschen, die in Selbstmitleid versinken, verschaffen sich auf diese Weise eine konstante Selbstbefriedigung. Selbstmitleid oder Mitleid ist eine Form der Liebe. Es handelt sich um Liebe, die auf das eigene Ich gerichtet ist. Indem man sich selbst bemitleidet, spendet man sich fortlaufend Wärme und Trost. Man erwartet keine Zuneigung und Zärtlichkeit von anderen. Diese Einstellungsmuster haben den Sinn, das innere Wohlbefinden zu stabilisieren.

Solche Praktiken beinhalten ein extremes Kreisen um die eigene Person. Die dramatisierten Selbstmitleidsbekundungen verschaffen diesen Menschen eine Sonderrolle im Zusammenleben.

Die Klagesüchtigen sind meisterhafte Negativ-Denker. Sie verstehen es, alles und jedes negativ einzuschätzen und umzudeuten. Diese Muster haben für den von Selbstmitleid Heimgesuchten eine so tiefe Bedeutung, dass kaum etwas sie bewegen kann, sie zu ändern.

«Ich habe alles für meine Kinder getan»

Vor mir in der Beratungspraxis sitzt eine Mutter von 49 Jahren. Mit ihrem Mann hat sie drei Kinder im Alter von 24, 22 und 20 Jahren großgezogen. Die beiden ältesten Kinder sind Mädchen, der Jüngste ein Sohn. Ihr Mann ist Möbelvertreter und viel unterwegs. Die Mutter klagt:

«Weil mein Mann ständig unterwegs ist, habe ich mich ganz auf die Kinder konzentriert. Sie wurden mehr oder weniger mein Lebensinhalt.»

In Einzelheiten berichtet sie, auf welche Annehmlichkeiten sie verzichtete, um immer für die Kinder da zu sein.

In den vergangenen Ehejahren fuhr sie nicht mit ihrem Mann alleine in den Urlaub, wenn eins der Kinder nicht mitwollte oder aus irgendwelchen Gründen zu Hause bleiben musste. Ihre Kinder sollten nichts entbehren.

Sie hatte viel über Kindererziehung gelesen; etwa, dass Eltern ihre Kinder nicht vernachlässigen sollten. Taschengeld, das ihr Mann ihr großzügig zur Verfügung stellte, opferte sie weitgehend für ihre Kinder. Sie wollte sich nicht Egoismus und Selbstsucht vorwerfen lassen. Und das Ergebnis?

Der Frau schießen die Tränen in die Augen, und sie schluchzt vor sich hin:

«Mein Mann geht fremd, meine älteste Tochter ist schon wieder geschieden, und der Sohn sagt: ‹Da bist du selbst schuld, wenn du überhaupt nicht an dich denkst!› Was habe ich nur falsch gemacht?»

Die Frau hat zirka zwanzig Pfund an Gewicht verloren. Sie hat resigniert und ist depressiv, das Selbstmitleid hat sie voll im Griff. Sie fühlt sich ausgenutzt und ausgebeutet. Ihr Lebenssinn ist auf dem Nullpunkt angekommen. Lebensmut und Lebensfreude sind dahin. Antriebslos und lustlos lebt sie in den Tag hinein. Das mittlere Kind ist ausgezogen, weil es das Selbstmitleid der Mutter nicht mehr ertragen konnte.

«Ich fühle mich von Gott und der Welt verlassen. Wenn ich nicht Christin wäre, würde ich mich ernsthaft mit Selbstmordgedanken beschäftigen.»

Was zeigt uns diese tragische Lebensgeschichte?

1. Die Frau hat alles für ihre Kinder getan

Sie hat auf vieles verzichtet, hat die Kinder verwöhnt. Verwöhnung erzieht Tyrannen. Mutter tut ja alles, gibt das letzte Hemd her. Die Balance zwischen Geben und Nehmen, zwischen Pflichten und Verwöhnung, zwischen Verantwortungslosigkeit und Verantwortungsbereitschaft ist völlig verschwunden. Die Mutter hat sich zur Sklavin ihrer Kinder gemacht. Die Kinder halten ihre Hände auf, lassen sie allein schuften und alles tragen und danken es ihr nicht.

2. Wer sich aufopfert und dabei Gegenliebe und Dank erwartet, wird enttäuscht

Die Aufopferung der Frau geschieht nicht ganz uneigennützig. Ihr Mann hat sich für den Außendienst als Möbelverkäufer gemeldet. Er fühlt sich von seiner Frau vereinnahmt und weicht der übergroßen Inanspruchnahme aus. Die Mutter klammert sich jetzt an die Kinder. Sie sucht Bestätigung und Liebe. Sie will gebraucht werden. In der Aufopferung liegt immer eine Übertreibung. Das Sich-Kümmern übersteigt das normale Maß. Fürsorge und Liebe werden den Kindern aufgedrängt. Sie werden bevormundet und eingeschränkt. Die Mutter übt einen mehr oder weniger großen Zwang aus. Doch sie deutet das eigene Verhalten als Liebe.

3. Aufopferung endet häufig in Selbstmitleid

Je mehr wir einem anderen Menschen Liebe, Fürsorge und Opferbereitschaft aufdrängen, desto rebellischer und abwehrender wird er. Wir fragen nicht mehr, was er wirklich braucht, sondern wissen scheinbar selbstredend für ihn, was er nötig hat. Wir üben ungewollt Druck aus, manipulieren den anderen und wecken seinen Widerstand. Viele lassen es sich zu lange gefallen, weil sie ihren Fürsorger nicht verletzen wollen. Andere weichen aus, fliehen aus der Überversorgung und verlassen und kränken damit den Opferbereiten erheblich. In diesem Falle ist die Mutter, die *alles* gegeben hat, entsetzt, versteht die Kinder und die Welt nicht mehr und wird von Selbstmitleid zerfressen.

Zusammenfassung

Auch in diesem Kapitel ging es darum, den Zusammenhang zwischen *Lebenslügen* und Selbstmitleid aufzuzeigen. Die Mutter ist ein fürs Lehrbuch reifes Beispiel
für falsche Liebe,
für eine verwöhnende Erziehung,
für eine Erziehung ohne Verantwortungsbereitschaft,
für eine Zerstörung der familiären Beziehungen,
für Überzeugungen, die gut gemeint sind, sich aber im Tiefsten als falsch herausstellen.

Viele Gespräche – in erster Linie mit der Frau und Mutter – waren notwendig, um die Selbsttäuschungen, denen sie zum Opfer gefallen war, aufzudecken.

Als bewusste Christin war sie bereit, ehrlich und aufrichtig anhand aller erzieherischen Praktiken ihre Fehlentscheidungen einzusehen. Ihr Selbstwert war allerdings auf dem Nullpunkt angelangt. Hätte sie nicht an den lebendigen Gott geglaubt, ihre Selbstmordgedanken hätten sich leicht in die Tat umsetzen lassen.

Auch in diesem Fall wird deutlich, dass die *Einsicht* in falsche Handlungsmuster und in destruktive Praktiken der erste Schritt sein muss, um neue Umgangsmuster einzuüben.

Auch die erwachsenen Kinder waren bereit, über ihre eigenen Fehler und falschen Konsequenzen nachzudenken. Eltern und Kinder konnten sich vergeben und neue Formen des Zusammenlebens einüben.

Im übernächsten Kapitel sollen dann konkrete Hilfen und Denkanstöße gegeben werden, wie bei allen *Lebenslügen, die wir verinnerlicht haben,* neue Wege, neue Verhaltensmuster und neue Überzeugungen eingeübt werden können, die den gesunden Selbstwert steigern und das Zusammenleben verbessern.

Kapitel 11
Finanz- und Wirtschaftslügen

Die Finanz- und Wirtschaftsprobleme haben sich zum internationalen Schreckgespenst entwickelt. Auf die globale Finanzkrise folgte eine Euro-Krise. Selbst Wirtschaftsexperten scheinen den Durchblick verloren zu haben. Vieles ist auf einem schamlosen Lügengespinst aufgebaut.

Wie sagte Theodor Fontane? «Manche Hähne glauben, dass die Sonne ihretwegen aufgeht.» Selbst Christen fallen auf solche unerträglichen Selbsteinreden hinein. Es ist unvorstellbar, was auf den Finanzmärkten möglich ist und wie geldgierige Menschen auf Lügenversprechen hereinfallen.

Ich denke an die Immobilienkrise vor einigen Jahren in Amerika. Gutgläubige Menschen, die schnell und billig zu Eigentum kommen wollten, ließen sich auf das leichtfertige Versprechen ein, ohne Eigenkapital stolze Besitzer von Immobilien werden zu können. Es dauerte eine Zeitlang, bis die lediglich mit viel Luft gefüllte Blase platzte und den ahnungslosen Menschen die Augen geöffnet wurden. Sie waren auf leere Versprechungen und Lügen hereingefallen. Der Trick mit der wunderbaren Geldvermehrung hatte nicht funktioniert.

Die ethische Krise

Finanzkrisen, Wirtschaftskrisen und Staatsschuldenkrisen sind nicht nur ein wirtschaftliches Desaster, sie sind immer auch eine ethische Krise. Gott ist in dieser Welt am Werk. Er verändert und formt die Zukunft. Wir beten im Vaterunser nicht umsonst: «Dein Wille geschehe, wie im Himmel so auch auf Erden.»

Mit Gott beginnt die Veränderung,
ohne Gott beginnen Lug und Trug.

Mit Gott beginnt die Wiederherstellung einer zerbrochenen Gesellschaft,
mit Gott beginnt die Heilung.

Im Alten Testament gibt es in Maleachi 2,2 eine eindringliche Strafe, die Gott seinem Volk ankündigt, wenn es seine Gebote missachtet. «Ich verfluche den Segen, der auf euch ruht.» Der Segen beinhaltet: Anerkennung, Ehrfurcht, Wohlwollen, wohltätige Kraft, auch die Verschaffung von Ansehen, von Glück, von Erfolg. Der Segen schließt alle Güter ein, die man fürs Leben braucht. Segen kommt einige hundert Mal in der Bibel vor. Gott segnet Menschen, sogar Tiere und Sachen. Der Segen fasst alles Gute und Schöne zusammen.

Nur wenn wir seine Gebote verletzen, wenn wir geldgierig und schamlos mit Geld Lügengeschäfte tätigen, wird er den Segen verfluchen.

Die Ursachen der gegenwärtigen Wirtschafts- und Finanzkrise werden zurzeit an verschiedenen Stellen gesucht. Keine Frage, in hohem Maße sind der menschliche Egoismus, falsche Wertmaßstäbe und maßlose Geldgier daran schuld. Jesus drückt es im Lukas-Evangelium klar und deutlich aus: «Denn wo euer Schatz ist, da wird auch euer Herz sein.»

Ein Mangel an Verantwortung ist zweifellos an der Misere schuld.

Ein «ökonomisches Märchen»

Der Philosoph Peter Sloterdijk hat den «Surrealismus» auf den Finanzmärkten verständlich und einleuchtend mit einem «ökonomischen Märchen» verdeutlicht.

Im ZDF gab er dieses leicht verständliche Märchen zum Besten. Die skandalöse Lüge wird sofort einsichtig:

Er schildert einen trüben Tag in einer irischen Stadt. Er spricht von Regen und leer gefegten Straßen. Die Zeiten seien schlecht, und jeder habe Schulden und lebe vom Kredit.

An diesem trüben Tage sei ein betuchter deutscher Tourist in die Stadt gekommen, habe an einem kleinen Hotel gehalten, um sich ein Zimmer anzusehen. Einen 100-Euro-Schein habe er auf den Tresen der Rezeption gelegt und dem Inhaber gesagt, er benötige ein Zimmer, er wolle es sich ansehen. Vielleicht würde er um eine Übernachtung nachsuchen.

Der deutsche Tourist habe einige Schlüssel erhalten, mit denen sich der Gast die Treppen hochbegeben habe, um die Inspektion zu tätigen.

Der Hotelier habe sich daraufhin den 100-Euro-Schein geschnappt, sei ein paar Häuser weiter zum Schlachter gerannt, um dort seine Schulden zu bezahlen. Der Schlachter wiederum habe die 100 Euro genommen, um seine Schulden beim Schweinezüchter zu bezahlen. Der Schweinezüchter habe die 100 Euro genommen, um seine Rechnung beim Futter- und Treibstofflieferanten zu bezahlen. Der Treibstofflieferant habe mit den 100 Euro den Kneipenwirt bezahlt, der Kneipenwirt habe mit dem Schein eine Prostituierte bezahlt, die dem Wirt einen Kredit gewährt hatte. Die Prostituierte schließlich sei zum Hotel gerannt, um ihre Mietschulden zu begleichen.

Sloterdijk wörtlich: «Der Hotelier legt den Schein wieder zurück auf den Tresen, so dass der wohlhabende Reisende nichts bemerken würde. In diesem Moment kommt der Deutsche die Treppe herunter, nimmt den 100-Euro-Schein und meint, dass ihm die Zimmer nicht gefallen. Er steckt den Schein ein und verlässt die Stadt. Nun ist die Stadt ohne Schulden, und man schaut mit großem Optimismus in die Zukunft.»[23]

Ein Märchen. Oder doch kein Märchen? Eine haarsträubende Geschichte und ein Gleichnis für eine aus den Fugen geratene Welt. Wenn einer behauptet, das habe doch mit Lügen nichts zu tun, dann kann ich ihn nur mit großen und verständnislosen Augen anschauen.

Nein, Sloterdijk hat recht: «Man schaut mit großem Optimismus in die Zukunft.» Sie verstehen das alles nicht? Ich auch nicht! Aber ich habe mir sagen lassen: «Unwissenheit schützt vor Strafe nicht.»

Nur wenn wir die Spielregeln Gottes einhalten, unser Geld nicht auf Kosten anderer Menschen vermehren und unser Vertrauen ganz bewusst nicht in den Mammon, sondern auf Gott setzen, wird ein Kurswechsel möglich sein.

Kapitel 12
Hilfen und Denkanstöße gegen Lebenslügen, die wir verinnerlicht haben

Lebenslügen sind Verhaltensmuster, die wir gern vor unserem Bewusstsein und vor dem lebendigen Gott verstecken. Wir benutzen sie als hilfreiche Bewältigungsstrategien im Alltagsleben. Auch Christen haben große Mühe damit, zuzugeben, dass diese Schutzmaßnahmen Lebenslügen sind, die sie *theoretisch* gern geändert hätten, ohne die sie *praktisch* aber nicht leben wollen.

In den Gesprächen sind folgende Denkanstöße hilfreich, um den Lügen in unserem Leben zu begegnen. Immer geht es dabei auch um einen Kerngedanken des Neuen Testaments:

«Nur wenn ihr an meinem Wort festhaltet, könnt ihr wirklich meine Jünger sein. Dann werdet ihr die Wahrheit erkennen und die Wahrheit wird euch frei machen» (Johannes 8,31–32).

Nicht, wenn wir an unserem Wort festhalten, sondern wenn wir an *seinem* Wort festhalten, sind wir seine Jünger.

Nur wenn wir Jesus Christus als die personifizierte Wahrheit erkennen, haben wir es leichter, Einsichten in unsere offenen und versteckten Lügen zu gewinnen.

Denkanstoß Nr. 1:
Selbstannahme beinhaltet, ehrlich zu werden

Wer sich selbst annimmt, wie er ist, muss keine Fassade aufrechterhalten. Er muss sich nicht mehr belügen und betrügen. Als Christ verzichtet der Mensch darauf, sich etwas vorzumachen. Auch als Christ hat er es nicht nötig, sich besser zu machen, als er ist. Die anderen dürfen ihm den «geistlichen Puls» fühlen. Spielen wir allerdings

die «Gerechten»,

die «Moralischen»,

die «Anständigen»,

die «Fehlerlosen»,

die «Saubermänner der Gemeinde»,

so haben wir unseren Lohn dahin. Jesus ist für Sünder gestorben, nicht für Perfektionisten.

James Bryan Smith, der amerikanische Pastor einer christlichen Erneuerungsbewegung, hat recht, wenn er schreibt: «Wir brauchen uns nicht länger selbst zu belügen. Sobald wir mit dem Zöllner sagen: ‹Gott, sei mir Sünder gnädig!› (Lukas 18,13), sind wir vom Zwang zum Selbstbetrug befreit. Wir brauchen kein Make-up mehr aufzulegen, um Gott besser zu gefallen. In vielen Kirchen haben die Menschen keine Gemeinschaft miteinander, weil sie sich schämen, zuzugeben, dass sie krank sind. Wenn wir zu wirklicher Gemeinschaft kommen wollen, müssen wir als Erstes lernen, die Wahrheit über uns selbst zuzugeben.»[24]

Pastor Smith trifft den Nagel auf den Kopf:

Wir schämen uns, zuzugeben, dass wir in vielen Bereichen krank sind;

wir schämen uns, zuzugeben, dass wir keine reine Weste haben;

wir schämen uns, zuzugeben, dass das «Biest in uns» größer ist, als wir wahrhaben wollen;

wir schämen uns, zuzugeben, dass unsere Selbstrechtfertigungen und Rationalisierungen ein teuflisches Make-up
beinhalten.

Vor den anderen, vor den Schwestern und Brüdern und
vor dem lebendigen Gott, machen wir uns fleckenloser, als
wir sind.

Denkanstoß Nr. 2:
Stellen Sie sich Ihren Selbsttäuschungen!

Im Psalm 32,2 steht ein überzeugender Gedanke, der in verschiedenen Übersetzungen so lautet: «Wohl dem Menschen, dem der Herr die Schuld nicht zurechnet, in dessen
Geist keine Selbsttäuschung wohnt.» Andere Übersetzungen lauten:

«... in dessen Geist kein *Falsch* ist»;

«... in dessen Geist kein *Trug* ist»;

«... in dessen Geist kein *Selbstbetrug* wohnt».

Der Psalmist besaß eine gute Menschenkenntnis. Er wusste, dass wir Menschen uns etwas vormachen. Er wusste, dass
wir Menschen uns selbst täuschen. Wozu tun wir das? Was
wollen wir damit bezwecken? Welche Ziele, die wir gern vor
unserem Bewusstsein im Dunkeln halten, verfolgen wir
damit? Wie lauten die verborgenen, die unverstandenen
Absichten? Ein paar Möglichkeiten:

Möglichkeit 1: Der Mensch flieht vor der Wirklichkeit
Die Realität können viele nur schwer ertragen. Die Umstände, der Druck, die Verhältnisse sind in ihren Augen belastend. Sie fliehen in die Arbeit, in den Alkohol, in die Zer-
streuung.

Möglichkeit 2: Die andern sind schuld

Die meisten Menschen verstehen es blendend, die eigene Schuld zu übersehen und den anderen die Schuld in die Schuhe zu schieben. Eltern erleben das in der Kindererziehung. Die Kinder streiten. Schreie gellen durchs Haus. Die Mutter jagt die Treppe hoch, reißt die Tür auf und stellt die berühmte Frage: «Wer hat angefangen?»

Wenn Sie belogen werden wollen, müssen Sie nur diese Frage stellen. Jedes Kind hat eine Ausrede parat. Diese kapitale Sünde begann schon im Paradies. Adam hält seinen Kopf nicht hin, sondern schiebt sogleich Eva und Gott die Schuld in die Schuhe. Und Adam glaubt seiner Lüge. Eva geht es nicht anders. Sie schiebt die Schuld auf die Schlange.

«Lebenslügen, die wir verinnerlicht haben.»

Diese Sünde sitzt uns seit Adam und Eva tief im Blut.

Möglichkeit 3: Der Mensch will nicht entblößt werden

Der Mensch fürchtet um seinen Ruf. Sein Image darf nicht angetastet werden. Am liebsten möchte er mega-rein erscheinen. Was tut er? Er rationalisiert und legt sich Gründe zurecht, an die er glaubt. Das Gefährliche: Im Tiefsten ist er von seinen Begründungen überzeugt. Er lügt sich in die eigene Tasche.

Denkanstoß Nr. 3:
Einsicht ist der erste Schritt zur Besserung

Ohne Einsicht geschieht nichts.

Einsicht hat mit «Einsehen» zu tun.

Wer seine Schuld einsieht, hat sie allerdings noch nicht ernsthaft bereut. Wer seine Schuld einsieht, hat auch noch nicht um Vergebung gebeten. Und bei Lebenslügen fehlt allermeistens diese Einsicht.

Da ist der Jähzornige.

Immer wieder rutscht ihm die Hand aus. Gegen die Partnerin, gegen die Kinder und gegen Arbeitskollegen wird er aggressiv. Er kann sich nicht entschuldigen, und er will sich nicht entschuldigen. Was sagt er stereotyp?

«Ich kann nicht aus meiner Haut!»

«Ich muss mich nehmen, wie ich bin.»

«Gott hat mein Leben schließlich so gemacht!»

Alles Ausreden und Selbstrechtfertigungen.

Und da ist der Perfekte. Er darf sich keine Blöße geben. Er will als der Fehlerfreie erscheinen. So wird jede Schweinerei gerechtfertigt. Die Bitte um Vergebung wird überflüssig.

Wer seine Selbsttäuschungen nicht zugibt und benennt, kann sie nicht ablegen.

Wer seine Selbsttäuschungen nicht erkennt, kann sie nicht korrigieren.

In der Seelsorge sind viel Fingerspitzengefühl und Gottes Geist erforderlich, um diesen Menschen zur Einsicht zu verhelfen. Der Betroffene muss erkennen, dass seine Verhaltens- und Einstellungsmuster lieblos, sündhaft und unbarmherzig sind. Schenkt Gott die Einsicht, ist der Weg frei für Vergebung. Schenkt Gott die Einsicht, ist der Weg frei für eine Gesinnungsänderung.

Denkanstoß Nr. 4:
Jeder von uns trägt eine Brille

Jeder trägt eine Brille – auch wenn er kein wirklicher Brillenträger ist. Er trägt eine Brille, durch die er das Leben betrachtet. Er trägt eine Brille des Vorurteils. In einem Kapitel war davon besonders die Rede.

Der eine trägt die *rosa* Brille; er sieht alles in einem rosigen Licht.

Er verschönert alles.

Er sieht das Schöne, das Leuchtende, das Positive.

Der andere hat eine *dunkle* Brille auf.

Er sieht alles negativ.

Er sieht alles schwarz.

Er sieht alles pessimistisch.

Er hat viele Befürchtungen.

Im Grunde sehen wir nur das, was wir sehen wollen.

Im Grunde hören wir nur, was wir hören wollen.

Im Grunde nehmen wir nur wahr, was wir wahrnehmen wollen.

Ein kleines Beispiel aus meiner Seelsorgepraxis.

In den ersten Jahren meiner Beratungstätigkeit habe ich nicht gehört, dass mir etliche Menschen etwas über sexuellen Missbrauch mitgeteilt haben bzw. mitteilen wollten. Sie haben Andeutungen gemacht, aber ich habe das Thema nicht aufgegriffen.

Woran das lag?

Ich habe es schlicht nicht geglaubt.

Ich habe es nicht ernst genommen.

Ich habe sexuellen Missbrauch für unmöglich gehalten.

Ich bin meiner Selbsttäuschung aufgesessen.

Ich habe meine Lüge, meinen Selbstbetrug, nicht bemerkt.

Wir alle haben bestimmte Lebenslügen verinnerlicht.

Wir haben sie so oft gehört und weitererzählt, dass wir an sie glauben. Die falsche Botschaft ist uns in Fleisch und Blut übergangen.

Aber wir können diese Irrtümer ablegen.

Wir können diese Vorurteile und Lügen korrigieren.

Denkanstoß Nr. 5:
Wir müssen die Motive unserer Lebenslügen durchschauen

Die Fragen hierzu lauten:

Was wollen wir mit Lebenslügen bezwecken?

Wozu dienen uns die Lebenslügen?

Was wollen wir mit Lebenslügen erreichen?

Menschen verfolgen immer Ziele – bewusst oder unbewusst. Wohl den Menschen, die ihre Selbsttäuschung durchschauen, die ihre Lebenslügen erkennen!

Wie könnten die bewussten oder unbewussten Motive lauten, die Menschen und speziell auch Christen benutzen? Ganz ähnlich wie bei Denkanstoß Nr. 2:

Möglichkeit 1: Flucht vor der Realität

Viele können die Realität nicht ertragen. Sie fliehen beispielsweise in den Alkohol.

Sie *ertränken* ihre Probleme in Alkohol.

Sie *betäuben* sich mit Drogen.

Andere fliehen in die Arbeit.

Arbeitssucht ist seit den 70er Jahren des vorigen Jahrhunderts eine ernstgenommene Sucht.

Wieder andere fliehen in die *Putzsucht*. Das Putzen nimmt mir die Zeit, über meine Probleme ernsthaft nachzudenken.

Der Dritte flieht in *Zwänge*.

Möglichkeit 2: Man will nicht bloßgestellt werden

Menschen fürchten um ihren Ruf. Ihr Image darf nicht angetastet werden.

Diese Menschen wollen als die Sauberen, die Reinen, die Fehlerlosen gesehen werden.

Was tun sie?

Sie rationalisieren.

Sie rechtfertigen sich.

Sie reden sich heraus.

Es ist die Ursünde schlechthin. Adam und Eva haben sie im Paradies praktiziert.

Denkanstoß Nr. 6:
Angst und Zwänge überwinden

Angst und Zwänge gehören zu den Lebenslügen, die wir in Dienst stellen.

Angst und Zwang sind verschwistert. Man kann sie in einem einzigen Atemzug nennen. Zwänge sind Befürchtungen, sie rufen Angst und Unbehagen hervor.

Zwänge zählen zu den psychischen Störungen, die den Menschen gefangen nehmen.

Der Belastete *glaubt* an seine Befürchtungen.

Der Betroffene *verlässt* sich auf seine Befürchtungen.

Diese Befürchtungen sollen ihn schützen.

«Ich kann nicht über die Brücke gehen. Sie könnte zusammenbrechen.»

«Ich kann nicht auf den Balkon treten. Ich bekomme das Gefühl, hinabspringen zu müssen.»

«Ich kann den Aufzug nicht benutzen. Bliebe er stecken, ich würde verrückt.»

Entscheidend ist: Es handelt sich um irrationale Zwänge und Ängste. Wir sind geneigt, dem Christen, der solche Zwangsbefürchtungen ausspricht, einen mangelnden Glauben zu bescheinigen:

Wer *richtig glaubt*, geht mit Christus über die Brücke.

Wer *richtig glaubt*, geht mit Christus in den Aufzug.

Wer *richtig glaubt,* tritt mit Christus auf den Balkon.

Wir sollten jedoch als Seelsorger und Berater mit solchen Hinweisen vorsichtig sein.

Der Angstkranke *will* ja glauben und vertrauen, aber er *kann* es nicht. Was können wir also tun?

Wir lassen den Betroffenen über die Brücke gehen, und wir bleiben am Brückenkopf stehen. Wir lassen den Betroffenen viele Male mit dem Aufzug fahren, und wir warten am Ausgang. Der Betroffene *muss die Erfahrung machen*, dass seine Befürchtungen irreal sind.

Angstkranke und Zwangskranke unterscheiden sich allerdings in der Reaktion auf die Angst. Der Angstneurotiker flieht vor der Angst; der Zwangsneurotiker reagiert mit Angst vor dem Zwang. Er kämpft gegen das Symptom an.

Nun hat Christus im Neuen Testament das hilfreiche Wort gesagt: «In der Welt habt ihr Angst; doch seid getrost, ich habe die Welt überwunden» (Johannes 16,33).

Das heißt:

Christus hat alle lebensbedrohlichen Mächte besiegt.

Christus hat die Angst vor dem Tod entmachtet.

Christus hat Sünde und Schuld auf sich genommen und die Angst vor Sünde und Schuld überwunden.

Christus ist auch mit unzähligen Ängsten, die in dieser Welt zu Hause sind, fertig geworden.

Der Glaube an diesen Weltüberwinder ist unsere Angstüberwindung. Christus hat nicht gesagt: «In der Welt habt ihr Angst, aber ich nehme euch alle, alle, alle Ängste und Zwänge fort.»

Besonders die Christen, die unter Zwangsstörungen leiden, sollten wissen:

Angst und Zwänge können in unterschiedlicher Stärke immer wieder zu Tage treten.

Zwangsgedanken können in Belastungssituationen stärker werden.

Zwangsstörungen können unser Glaubensleben wiederholt belasten. Aber sie werden uns nicht zerreißen.

Wer den Glauben von Christen, die unter Zwangsstörungen leiden, in Frage stellt, hilft ihnen nicht, er belastet sie. Solche Vorwürfe verstärken den Selbstzweifel. Wer den Glauben dieser Menschen in Frage stellt, entmutigt sie.

Wir alle leben mit dem Glauben, durch den Glauben und aus dem Glauben und können durch Ängste und Zwänge dennoch angefochten werden. Dem einen schenkt der Glaube an Gott völlige Befreiung, einem anderen die Gewissheit, dass er in Ängsten und Zwangsgedanken nicht allein ist und dass ihn diese Zwangsgedanken, Zwangsimpulse und Zwangshandlungen nicht kaputtmachen können. Er wird *beunruhigt,* aber nicht endlos gequält; er wird *angefochten,* aber von Christus nicht im Stich gelassen.

Denkanstoß Nr. 7:
Nur wenn ich mich für andere verzehre, werde ich von Gott geliebt – stimmt das?

Auch dieser Gedanke kann zur Lüge werden, wenn ich fest davon überzeugt bin.

In christlichen Kreisen wird oft das wohlklingende Wort zitiert: «Gott ist es wert, dass man ihn ehrt und sich in seinem Dienst verzehrt.»

Hinter diesem gut gemeinten Spruch versteckt sich eine

Dienstbereitschaft, die leider von zweifelhaften Motiven gespeist sein kann. Nämlich von diesen:

Nur wer sich für Christus aufopfert, wird geliebt.

Und: Ein Christ ist immer im Dienst!

Von daher gibt es für Christen keine Freizeit, keinen Ruhestand und kein Abschalten. Wenn jemand in Not ist, und ich werde gerufen und gefordert, auch wenn es Nacht ist, muss ich bereitstehen.

Viel Wahres ist an diesen Sätzen, aber sie sind auch verführerisch.

Als ich meine erste Stelle als CVJM-Sekretär antrat, riet mir mein Vorgänger:

«Pass auf, es gibt in der Leitung des Vereins einige Leute, die von dir erwarten, dass du auf deinen Jahresurlaub verzichtest und die Zeit für den CVJM zur Verfügung stellst. Sie argumentieren, dass sie selbst auch als ehrenamtliche Mitarbeiter Teile ihres Urlaubs opfern.»

Oft lese ich das Wort von der *imitatio christi*, von der *Nachahmung Christi*.

Für meine Begriffe eine fragwürdige Formulierung.

Wir sind seine Jünger, aber wir sind nicht Christus selbst.

Wir sind Sünder und nicht ohne Sünde wie Christus. Wenn wir sündlos leben wollten, bräuchten wir ihn nicht.

Wie sagte der ehemalige Bischof der niedersächsischen Kirche, Johannes Lilje? «Totarbeiten ja, aber mit Verstand. Von einem Bischof, der sich überarbeitet und zu Tode gerackert hat, hat die Gemeinde nichts mehr.»

Viele feine Christen überarbeiten sich, weil sie glauben, sie müssten sich die Ewigkeit verdienen.

Sie wollen in erster Linie der Gemeinde gefallen, aber

nicht dem lebendigen Gott. Sie wollen bei Menschen beliebt sein, aber nicht in erster Linie bei Gott.

Sie suchen Anerkennung bei Menschen und erst an zweiter Stelle bei Gott.

Es sind Lügen, die verführerisch edel klingen.

Denkanstoß Nr. 8:
Wir müssen uns zuerst selbst bejahen

Viele Lebenslügen werden durch Selbstwertstörungen hervorgerufen.

Wer nicht an sich glaubt,
wer sich selbst nicht vertraut,
wer nicht «mit sich selbst befreundet sein» kann,
der schliddert leicht in Lebenslügen hinein.

Der Philosoph Wilhelm Schmid, Professor an der Universität Erfurt, beschreibt in einem Beitrag, den er «Mit sich selbst befreundet sein» nennt, Folgendes:

«... dass Freundschaft zu den vortrefflichsten seelischen Gütern zu zählen ist; nicht so sehr die Nutzen- oder Lustfreundschaft, sondern die wahre Freundschaft, die auf der wechselseitigen Zuwendung der Beteiligten um ihrer selbst willen beruht. Sie erscheint als die wertvollste und tragfähigste Beziehung zwischen Menschen. [...] Selbstfreundschaft heißt auch, sich mit den eigenen Launen zu befreunden, die nicht übergangen werden können. [...] Denn wer mit sich selbst nicht befreundet ist – wer sich selbst nicht mag –, der kann auch andere nicht mögen, geschweige denn ihr Freund sein. Gibt es nicht sogar im Christentum, der Religion der Liebe, diesen Satz, den alle kennen und doch wenige ernst nehmen: ‹Liebe deinen Nächsten wie dich selbst›? Die Selbst-

liebe gilt offenkundig als Grundlage für die Nächsten-
liebe.»[25]

Selbstliebe meint eben *nicht* Selbstsucht, Egozentrik oder
Narzissmus. Narzissmus meint Selbstverliebtheit, Selbst-
bewunderung, meint eine krankhafte Selbstliebe. Ist die
Selbstliebe nur Selbstzweck, nun, dann ist sie Egoismus,
dann ist sie eine narzisstische Selbstliebe. Die positive
Selbstliebe, wie sie die Bibel formuliert, ist eine «altruisti-
sche Selbstliebe», wie der Philosoph Wilhelm Schmid
schreibt. Sie hat die Kraft, auf andere zuzugehen. Sie hat die
Kraft, für andere da zu sein. Sie kann geben und schenken,
sie will nicht nur haben und genießen.

Die störende und krankhafte *Selbstliebe*, die Egozentrik und
die Selbstsucht sind die *Folgen*, wenn kein Selbstwert vorhanden ist, wenn der Mensch kein Selbstvertrauen besitzt.
Dann beginnen die Lebenslügen. Wie können sie lauten?

Ich *klammere,* um geliebt zu werden.

Ich *dränge mich auf,* um geliebt zu werden.

Ich *mache mich abhängig*, um geliebt zu werden.

Ich *lehne mich ab*, und kann nicht glauben, dass ich lie-
benswert bin.

Wer sich bejaht, wer sich liebt und wer mit sich selbst befreundet ist, kann diese Lebenslügen entbehren.

Denkanstoß Nr. 9:
Die Lüge der Unentbehrlichkeit

Wir alle haben davon gehört und gelesen, dass es Menschen
gibt, die sich für unentbehrlich halten.

Sie können nicht abtreten.

Sie können nicht ins zweite Glied treten.

Sie glauben fest, dass es ohne sie abwärts geht.

Als ich noch als Praktikant bei Johannes Busch lebte, dem damaligen Bundeswart des CVJM und Landesjugendpfarrer von Rheinland und Westfalen, sprach Busch einmal vor Mitarbeitern. Eines seiner Beispiele habe ich nie vergessen:

«Viele Mitarbeiter leben nach dem biblischen Satz, der aber nirgendwo steht: ‹Der Herr bedarf *meiner*.› Nur einmal steht im Neuen Testament der Satz: ‹Der Herr bedarf *seiner*›, und dabei handelt es sich um einen Esel.»

Wer sich für unersetzlich hält, der ist erst recht ersetzlich.

Was ist das versteckte Ziel von Menschen, das sich hinter solchen Aussagen verbirgt?

Sie wollen gebraucht werden.

Sie wollen im Mittelpunkt stehen.

Sie suchen Bewunderung und Anerkennung.

Wahrscheinlich sind sie im Leben zu kurz gekommen. Sie wurden aufs Abstellgleis geschoben oder fühlten sich zumindest dahin abgeschoben. Wer nicht beachtet, wer übersehen und an die Seite gestellt wurde, will das korrigieren und alles nachholen.

Der schon genannte William Backus und Marie Chapian haben in einem ihrer Bücher eine Reihe irriger Überzeugungen zusammengetragen. Sie lauten:

1. Ich bin zum Helfen berufen und gesalbt, ich allein bin dazu bestimmt, andere zu führen.
2. Ich bin wie niemand sonst vom Herrn mit einer ganz einzigartigen Gabe ausgestattet worden. Ich kann der Welt meine Erleuchtungen mitteilen.
3. Niemand kann meinen Dienst so gut erfüllen wie ich.
4. Egal, welche Stunde des Tages oder der Nacht es auch

sein mag, ich muss ständig erreichbar sein für Menschen, die in Not sind.

5. Wenn ich ihm uneingeschränkt dienen soll, erwartet Jesus von mir, dass ich jegliches Anrecht auf Privatleben, Erholung und Entspannung aufgebe.

6. Um Gott mit ganzem Herzen dienen zu können, muss ich meine Familie meinem Dienst unterordnen.

7. Ich habe meine Kinder dem Herrn übergeben, so dass der Heilige Geist sie führen und lehren kann, weil ich wegen meines Einsatzes als Christ keine Zeit dafür habe.

8. Gott hat mich gerufen, um bestimmten Menschen zu helfen. Wäre es nicht so, wären diese Menschen in einer bedauernswerten Lage.

9. Als Christ bin ich dazu verpflichtet, all denen mit Antworten und Problemlösungen zur Seite zu stehen, die Gott mir gesandt hat. Tue ich das nicht, muss ich die Konsequenzen selber tragen.

10. Die anderen sollten meine Berufung anerkennen und mir in dem Dienst, zu dem Gott mich berufen hat, helfen und unterstützend zur Seite stehen.

11. Wenn ein anderer weniger geistlich ist als ich, hat er kein Recht dazu, diesen Dienst auszuführen. Er hat auch kein Recht, erfolgreicher zu sein als ich.

Glauben Sie auch nur einer dieser Lügen?

Wann immer Sie sich selbst dabei ertappen, dass sie von sich behaupten, unentbehrlich oder so etwas Ähnliches zu sein, dann sollte Ihre geistliche Warnanlage auf Rot springen.[26]

Denkanstoß Nr. 10:
Die Lüge der falschen Erwartungen an andere

Erwartungen sind irrige Überzeugungen, die wir an andere richten. Erwartungen sind Liebeskiller. Sie untergraben die Liebe. Warum ist das so?

Je mehr wir vom anderen erwarten,

desto schneller handeln wir uns *Unzufriedenheit* ein, wenn der andere die Erwartung verweigert;

desto schneller reagieren wir *unglücklich,* weil der andere nicht will;

desto schneller büßen wir die *Harmonie* ein, weil der andere sich überfordert sieht.

Das Missverständnis der Liebe ist perfekt. Erwartungen schauen auf den anderen. Er soll kommen, er soll leisten, er soll bringen, er soll Wünsche erfüllen. Diese Erwartungen sind ungeistlich. Sie bestätigen den eigenen Egoismus.

Der andere fühlt sich

ständig gefordert,

ständig beobachtet,

ständig kontrolliert,

ständig unter Druck.

Erwartungen torpedieren die Liebe.

Erwartungen sind menschlich, und doch verstoßen sie gegen das Gesetz der Liebe. Wer liebt, der will beglücken, will beschenken, will geben und sich mitteilen.

Je höher unsere Erwartungen, desto tiefer unsere Enttäuschungen. Das ist ein Grundgesetz im zwischenmenschlichen Leben. Erwartungen haben meistens etwas Frustrierendes.

Goethe konnte schreiben: «Wenn wir die Menschen behandeln, als wären sie, was sie sein sollten, so bringen wir sie dahin, wohin sie zu bringen sind.»

Wir alle leben von Erwartungen. In vielen Familien werden Kindern bestimmte Rollen zugeteilt und zugeschrieben.

da gibt es den *Schlaumeier,*

da gibt es den *Gerechten,*

da gibt es das *Mauerblümchen,*

da gibt es den *Streithammel,*

da gibt es den *Sündenbock.*

Wenn wir Menschen solche Rollen zuschreiben, erwarten wir auch, dass sie unsere Erwartungen erfüllen. Unsere Erwartung prägt das Bild, das sich das Kind von sich selbst macht. Mit der Zeit wird dem Kind die Rolle zur zweiten Natur.

Das Kind verhält sich *wie* ein Streithammel.

Das Kind verhält sich *wie* ein Versager.

Das Kind übernimmt die *Rolle* des Sündenbocks.

Das Kind glaubt an die *Lüge* – und der spätere Erwachsene auch.

Die Psychologen sprechen vom sogenannten «Rosenthal-Effekt». Der Harvard-Professor Robert Rosenthal hat diesen Effekt entdeckt und beschreibt ihn so: «Der Kern der Sache ist, dass die Vorhersage des einen über das Verhalten des anderen irgendwie spürbar wird. Die Erwartung teilt sich dem anderen manchmal ganz unbeabsichtigt mit und gewinnt Einfluss auf dessen tatsächliches Verhalten.»

Rosenthal stellte in Experimenten fest, dass Schüler die Leistungen erbrachten, die die Lehrer erwarteten, und sie nicht erbrachten, wenn die Lehrer nichts erwarteten.

Mit welchen Erwartungen begegnen wir unseren Kindern?

———

Und mit welchen Erwartungen begegnen wir unserem Partner, unseren Verwandten, Bekannten und Freunden?

Es erfordert viele Gespräche und oft viele Gebete, um Menschen, die solchen Zuschreibungen entsprechen, von diesen irrigen Überzeugungen abzubringen.

Manchmal hilft es schon, wenn im Gespräch die *Folgen* solcher Erwartungen offengelegt werden. Der Betroffene spürt, wie er im Laufe seines Lebens diesen Erwartungen Glauben geschenkt und sich damit infiziert hat.

Denkanstoß Nr. 11:
Die Gegenwart ist die Vergangenheit von morgen

Selbstverständlich hat die Vergangenheit einen Einfluss auf unser Leben von heute. Die Vergangenheit hat uns geprägt. Kein Zweifel.

Wer sich aber von der Vergangenheit hypnotisieren lässt, die er wie ein unveränderbares Schicksal ertragen zu müssen glaubt, der sitzt einer *Lebenslüge* auf.

Wer die Einflüsse der Vergangenheit überbewertet, macht sich ohnmächtig. Unsere Vorstellungen bestimmen unser Handeln in der Gegenwart. Unsere Gedanken kontrollieren unser Tun.

Wer resignierende Gedanken pflegt, gibt auf. Wer ein seelisch gestörtes Verhalten eingeübt hat, *glaubt,* dass er es beibehalten muss. Wer diesen Selbsteinreden vertraut, sitzt einer schweren Lebenslüge auf. Er praktiziert das Motto: «Sollen mir doch die Finger abfrieren. Warum hat mir mein Vater keine Handschuhe gekauft!?!»

Selbstindoktrinationen lähmen den Mut für heute. Selbstindoktrinationen untergraben die Hoffnung, von der wir Christen leben; die Hoffnung, den Alltag in der Gegenwart völlig umzugestalten. Wer die Gegenwart in Gottes Namen und in seiner Kraft neu gestaltet, blickt morgen und übermorgen in eine veränderte Vergangenheit.

Paulus hat es präzise formuliert: «Wer zu Christus gehört, ist ein neuer Mensch geworden. Was er früher war, ist vorbei; etwas ganz Neues hat begonnen» (2. Korinther 5,17). Wer sich als Christ der Macht der Vergangenheit überlässt, glaubt nicht an die innewohnende Kraft des Heiligen Geistes. Er schaut zurück und lässt sich von Einflüssen der Vergangenheit hypnotisieren.

In der Tat: Die Gegenwart, wie ich sie heute gestalte, und zwar in Christi Namen, die Gegenwart, wie ich sie in Angriff nehme, die Gegenwart, der ich zupackend, vertrauensvoll und mutig begegne – sie ist die Vergangenheit von morgen!

In den Sprüchen heißt es: «Der Mensch hält alles, was er tut, für richtig; Gott aber prüft die Beweggründe» (Sprüche 16,2). Die Bibel hat recht: Wir halten unsere Überzeugungen, unsere Wege und unsere Lebensentscheidungen für richtig. Wir glauben an unsere Vorurteile. Gott aber prüft die Motive, die Beweggründe, die versteckten Absichten. Haben wir den Mut, sie überprüfen zu lassen? Gott schenkt Wollen und Vollbringen, wenn wir uns *ihm* zur Verfügung stellen.

Wer resigniert (*resignare* = eine Unterschrift widerrufen, einen Vertrag rückgängig machen), hat seinen Vertrag mit Jesus rückgängig gemacht. Er vertraut den Erziehungseinflüssen und den Traumatisierungen von damals mehr als dem Wort Gottes. Er schaut zurück und will seine Lebenslügen beibehalten. Er bleibt in der Vergangenheit und hält sich an seinen Selbsttäuschungen fest.

Denkanstoß Nr. 12:
Geben Sie Ihre Befürchtungen im Glauben ab

Zu den Lebenslügen gehören irrige Überzeugungen, die wir immer wieder herausgestellt haben. Eine weitere irrige Überzeugung sind die sogenannten *Befürchtungen*.

«Diese Prüfung bestehe ich niemals!»

«In der Firma wird mir bestimmt bald gekündigt.»

«Im Urlaub gibt es bestimmt schlechtes Wetter.»

«Wenn ich sehe, wie mein Sohn seine Schularbeiten angeht, sehe ich schwarz für ihn.»

Wer so denkt, so fühlt und so lebt, macht sich das Leben schwer. Seine Lügen und Befürchtungen können gesundheitlichen Schaden anrichten. Und sie beeinflussen Kinder, Partner und andere Familienangehörige destruktiv. Im Denkanstoß Nr. 10 haben wir über Erwartungen gesprochen. Befürchtungen sind nichts anderes als *negative* Erwartungen.

Überprüfen Sie sich,

ob Sie zu den *Pessimisten* gehören,

ob Sie zu den *Depressiven* gehören,

ob Sie von *Angst und Zwängen* heimgesucht werden,

ob Sie zu den *Pechvögeln* zählen.

Wenn diese Eigenschaften sehr belastend sind, suchen Sie einen Berater, Fachseelsorger oder Arzt auf, der Ihnen weiterhilft.

Je bedrückender die Befürchtungen, desto schwerer sind sie zu korrigieren.

Zugegeben, es ist leichter gesagt als getan: Geben Sie Ihre Befürchtungen im Glauben ab.

Der gesunde Mensch und Christ hat keine großen

Schwierigkeiten, seine Sorgen und Befürchtungen Christus zu überlassen. Seine Wesensstruktur erlaubt es ihm, unnötige Sorgen und Befürchtungen loszulassen. «Alle eure Sorge werft auf ihn; denn er sorgt für euch» (1. Petrus 5,7).

Der Mensch mit Zwangsstörungen aber ist von der Sorge geprägt, ein unzulängliches Wesen zu sein, sich ständig mit den Schwierigkeiten des Lebens beschäftigen zu müssen, sich ständig mit der Vergangenheit und vor allem mit der ungewissen Zukunft auseinandersetzen zu müssen, ob er alles bedacht, nichts übersehen, nicht zu viel riskiert und alles gründlich abgesichert hat.

Diese Sorgen machen das Leben freudlos und die Welt unbarmherzig. Er möchte die tausend Gefahren, die er pausenlos am Horizont aufsteigen sieht, durchaus auf Jesus werfen, aber es gelingt ihm nicht. Er betet, sagt Amen und hängt in Gedanken wieder an all den Befürchtungen.

Er muss lernen und üben, die Zwangshandlungen fahren zu lassen. Es handelt sich um zielgerichtete Verhaltensweisen, die als Reaktionen auf die Zwangsgedanken erfolgen. Gemeint sind stereotype Rituale, die vom Betroffenen ausgeführt werden müssen, um Befürchtungen abzuschwächen, um Unbehagen zu dämpfen und um ein Unglück und «Schicksalsschläge» auszuschließen.

Diese Rituale und Zwangshandlungen sind Selbsterlösungspraktiken, die einen Augenblick beruhigen, aber nicht helfen. Die betroffenen Christen müssen systematisch lernen, sich auf Christus zu verlassen und nicht auf ihre Abwehrrituale. Betroffene und Seelsorger benötigen große Geduld und die Kraft des Heiligen Geistes, die Angst zu überwinden und auf die Zwangshandlungen zu verzichten.

Menschen, die sich den Kopf über morgen zerbrechen, die hyperreflektieren – wie Viktor E. Frankl das nennt –, die Katastrophen an die Wand malen und zwanghaft die Zukunft zergrübeln, steigern sich selbstverantwortlich in schweres Seelenleid hinein. Die Befürchtungen sind unrealistisch. Die Erwartungsangst schwächt aber den Menschen und sein Immunsystem.

Eine kleine orientalische Fabel macht deutlich, wie sinnlos solche Befürchtungen sind:

Ein weiser alter Mann lebt mit seinem Sohn in einem Dorf. Eines Tages bricht ein Pferd aus und jagt davon.

«Welch ein Unglück!», meinen die Nachbarn.

Der weise alte Mann sagt nur: «Abwarten!»

Einen Tag später versucht der Sohn des Alten, ein Wildpferd zu reiten, fällt herunter und bricht sich ein Bein.

«Welch ein Unglück!», sagen die Freunde und Nachbarn wieder.

Der weise alte Mann sagt kurz und knapp: «Abwarten!»

Kurze Zeit später erscheinen Offiziere des Sultans, die Soldaten für einen Krieg mobilisieren wollen. Alle jungen Männer des Dorfes werden rekrutiert. Nur der Sohn des weisen Alten nicht.

«Welch ein Glück!», sagen die Freunde und Nachbarn, und der Alte sagt: «Abwarten.»

Unsere Sorgen und Befürchtungen sind in der Regel sinnlos. Das meiste kommt anders, als wir es erwarten. Unsere Sorgen und Erwartungsängste zerstören die Lebensfreude und untergraben unser Wohlbefinden. *Abwarten,* das ist die eine Hilfe.

«Macht euch also keine Sorgen!», sagt Jesus in der Bergpredigt. «Damit plagen sich Menschen, die Gott nicht kennen. Euer Vater im Himmel weiß, dass ihr all das braucht. Sorgt euch zuerst darum, dass ihr euch seiner Herrschaft unterstellt, und tut, was er verlangt, dann wird er euch schon mit all dem anderen versorgen. Quält euch nicht mit Gedanken an morgen; der morgige Tag wird für sich selber sorgen. Ihr habt genug zu tragen an der Last von heute!» (Matthäus 6,25–34; in Auswahl).

Jesus rückt uns den Kopf zurecht. Er spricht auch die Christen mit Zwangsstörungen an. Wer sich mit Gedanken an morgen quält, schlägt die falsche *Blickrichtung* ein. Er lässt sich

von möglichen Gefahren,

von irrationalen Bedrohungen

und von unrealistischen Erwartungsängsten fixieren.

Er malt den «Teufel an die Wand», wie wir zu sagen pflegen.

Der Mensch schaut in die falsche Richtung. Schon der Philosoph Nietzsche hat die Beobachtung gemacht und formuliert: «Wer ständig in den Abgrund schaut, stürzt hinein.»

Der Abgrund bekommt Sogkraft. Er beschäftigt uns völlig und nimmt uns gefangen. Wer Sorgen, Befürchtungen und Zwangsgrübeleien loswerden will, muss einen Kurswechsel vornehmen. Er muss seine Blickrichtung um 180 Grad ändern. «Sorgt euch zuerst darum, dass ihr euch Gottes Herrschaft unterstellt und tut, was er verlangt, dann wird er euch schon mit all dem anderen versorgen» (Matthäus 6,33).

Wer von Zweifeln und Befürchtungen geplagt wird, kann das nur ausprobieren.

Wer solches einübt, den wird Gott segnen.

Diese Übungen können lange Zeit in Anspruch nehmen, das bestätigen Beratung, Therapie und Seelsorge.

Denkanstoß Nr. 13:
Lebenslüge Übertreibung

Was die wenigsten bedenken: Auch die *Übertreibung* ist eine *Lüge*.

Ein Reisender erzählt in der Volkshochschule von seiner Afrika-Reise. Er zeigt auch Lichtbilder.

«In Kenia habe ich etwas erlebt! Es ging dabei um Leben und Tod. Ich hatte mich ohne Gewehr von der Safarigruppe entfernt, da lief mir plötzlich eine Löwenfamilie mit ihren Jungen über den Weg. Der männliche Löwe mit seinem gewaltigen Haarschopf ging sofort zum Angriff über. Ich flüchtete in Todesangst. Der Schweiß lief mir in Strömen am Körper hinunter. Hinter mir hörte ich das Knacken der Zweige und das Hecheln des Raubtiers ...»

Ein Besucher meldete sich und fragte: «War es wirklich ein Löwenpaar? Meines Wissens führt die Löwenmutter die Kleinen alleine aus!»

«Auf alle Fälle war es eine Meute hungriger Löwen.»

«Woher wussten Sie, dass sie hungrig waren?», fragte ein anderer.

«Sonst hätten sie mich sicherlich nicht verfolgt», antwortete der Afrika-Reisende.

Schließlich meldete sich ein dritter Fragesteller: «Ich habe zufällig an dieser Safari in Kenia teilgenommen. Waren Sie es nicht, der plötzlich einigen Hyänen begegnet war, die sich aber eilig aus dem Staub machten?»

Es gibt Menschen, die hervorragend dramatisieren können. Sie übertreiben, sie überzeichnen und erzählen Lügen. Aus Mücken werden Elefanten, aus Hyänen werden reißende Löwen. Und aus Schweißtropfen werden «Ströme von

Schweiß». Sie wollen bewundert werden und erfinden daher schamlos die tollsten Geschichten.

Jesus will, dass wir wahr und ehrlich sind. Deshalb sind oft ein klares Ja und ein klares Nein ausreichend. Jedes Wort darüber hinaus kann vom Bösen sein. Jesus sagt es uns eindeutig:

«Schwört nicht einmal: ‹Bei meinem Kopf!›, denn ihr könnt kein einziges Haar auf eurem Kopf weiß oder schwarz machen. Sagt einfach ‹Ja› oder ‹Nein›. Jedes Wort darüber hinaus ist vom Bösen» (Matthäus 5,36–37).

Das Wort Jesu kann uns erschrecken. Wie oft *übertreiben* wir? Wie oft *untertreiben* wir? Auch die Untertreibung ist eine Übertreibung. Sie ist eine Lüge. Die Botschaft Jesu ermahnt uns, Worte, Gedanken, Vorurteile und Überzeugungen vor ihm zu überprüfen.

Denkanstoß Nr. 14:
Lebenslüge Ehrgeiz

Das Wort *Ehrgeiz* spielt in unserer Leistungsgesellschaft eine große Rolle. Ehrgeiz wird im Erziehungsbereich hoch bewertet. Ein ehrgeiziger Mensch, ob jung oder alt, ist angesehen und geachtet. Doch hat der hochgeschätzte Ehrgeiz mehr als eine Schwachstelle. Vor allem, wenn wir den Ehrgeiz geistlich unter die Lupe nehmen.

Ein gutes Beispiel ist der Film «Dornenvögel». Der hochbegabte Pater Ralph tritt in Australien eine große Erbschaft an, die ihm in Rom beim Vatikan Ehre einbringen soll. Er verzichtet auf die Liebe zu einer jungen Frau. Er sagt zu ihr: «Ich liebe dich sehr, aber Gott steht an erster Stelle.» Er reißt sich von ihr los und kehrt nach Rom zurück, wo er zunächst Sekretär des Erzbischofs und später Kardinal wird. Der Erzbischof ist wie ein väterlicher Freund zu ihm. Aber er hat den jungen Priester durchschaut. In einer ruhigen Stunde sagt er zu ihm: «Sie haben sich in Australien nicht zwischen einer Frau und Gott entschieden, sondern zwischen einer Frau und dem Ehrgeiz.»

Ehrgeiz ist eine *Lebenslüge*.

Wir wollen unsere Pläne durchsetzen.

Wir wollen andere überholen.

Wir wollen uns darstellen.

Wir wollen unseren Ruhm.

Wir möchten uns und den anderen vormachen, dass Gott über allem steht. Wir täuschen und belügen uns selbst. Nicht der lebendige Gott ist das einzige Motiv, sondern die Selbstsucht und der Ehrgeiz. Eitelkeit und Anerkennungssucht sind die tief liegenden Triebfedern.

Jeder von uns kennt diese raffinierten Selbsttäuschungen. Dieser getarnte fromme Ehrgeiz gaukelt uns ein frommes Selbstbild vor. Wir glauben an unsere Selbstlosigkeit. Wir glauben an unseren ehrbaren Ehrgeiz. Dabei verrät allein das deutsche Wort, dass sich der Ehrgeiz als ein äußerst fragwürdiges geistliches Streben entpuppt. In unserer Gesellschaft wird Ehrgeiz von den meisten hochgeschätzt, und viele Christen erwarten von Predigern, Seelsorgern und Therapeuten, dass diese «heilige Kuh», der Ehrgeiz, unangetastet bleibt. Aber wir sollten da achtgeben.

Wie formuliert es Paulus im Philipperbrief (2,3–4)?

«Handelt nicht aus Selbstsucht oder Eitelkeit! Keiner soll sich über den anderen erheben, sondern eher mehr achten als sich selbst. Verfolgt nicht eure eigenen Interessen, sondern seht auf das, was dem anderen nutzt.»

Die Wahrheit wird euch frei machen.

Die Wahrheit wird euch, wird *uns alle* von der Lüge befreien;

wenn wir der Wahrheit vertrauen;

wenn wir ihm vertrauen, der der Weg, die Wahrheit und das Leben ist.

Wer seine Vorurteile,

    seine Selbsttäuschungen,

    seine irrigen Überzeugungen,

    seine Rechtfertigungen und Ausreden,

    seine Übertreibungen und seinen Ehrgeiz

vor sich selbst, vor anderen und vor Gott aufrechterhält, wird keine Hilfe erfahren. Er bleibt an seine Lebenslügen gebunden.

Ich hoffe, dass viele Leser hellhörig geworden sind und ihre Lebenslügen unter die Lupe nehmen.

Die Wahrheit wird euch frei machen!

Anmerkungen

[1] Chris Thurman, *Lügen, die wir glauben*, GerthMedien: Asslar 1991, Seite 17.

[2] «Die Gedächtnis-Systeme», in: «Psychologie heute», 7/2012, Seite 24.

[3] Ebenda, Seite 23.

[4] Klaus Wilhelm, «Bewegung ‹löscht› Erinnerungen», in: «Psychologie heute», 7/2012, Seite 17.

[5] Ebenda.

[6] David Eagelman, «Die Macht des Unbewussten», in: «Psychologie heute», 7/2012, Seite 34.

[7] Michael Gazzaniga im Gespräch mit Klaus Wilhelm: «Die Illusion des freien Willens ist wichtig», in: «Psychologie heute», 7/2012, Seite 36.

[8] Aus: «Aufatmen», 1/1997, Seite 25ff.

[9] William Barclay: *Begriffe des Neues Testaments*, Aussaat: Wuppertal 1979, Seite 89.

[10] *Diagnostisches und statistisches Manual psychischer Störungen DSM-IV*, Hogrefe: Göttingen 1998^2.

[11] William Backus, Marie Chapian: *Befreiende Wahrheit*, Projektion J: Wiesbaden 1983, Seite 36.

[12] Verena Kast: «Wie umgehen mit Neid und Eifersucht», in: «Leben und Glauben», 30/1995, Seite 15.

[13] Aus: «Psychologie heute», 12/1999, Seite 16.

[14] Wolfgang Schmidbauer: *Alles oder nichts*, Rowohlt: Reinbek bei Hamburg 1990, (19.–22. Tsd.), Seite 2.

[15] Richard Rohr, Andreas Ebert: *Das Enneagramm*, Claudius: München 1989, Seite 34.

[16] Wolfgang Schmidbauer, a.a.O., Seite 95.

[17] Jay E. Adams: *Handbuch für Seelsorge*, Brunnen: Gießen 1976, Seite 135f.

[18] Gerald J.M. Aardweg: *Das Drama des gewöhnlichen Homosexuellen*, Hänssler: Holzgerlingen 1985, Seite 66f.

[19] Aus: «Westdeutsche Zeitung», 5. Juni 1999, Seite 6.

[20] Martin Luther: *Weimarer Ausgabe*, 12,250, Seite 22ff.

[21] Friso Melzer: *Das Wort in den Wörtern*, J.C.B. Mohr (Paul Siebeck): Tübingen 1965, Seite 274.

[22] Don C. Dinkmeyer, Gary D. McKay: *Erziehung zur Verantwortungsbereitschaft*, Maier: Ravensburg 1975, Seite 56f.

[23] Olaf Gersemann: «Peter Sloterdijk verirrt sich in der ‹irrationalen Finanzwelt›», in: «Welt am Sonntag», 27/2011, Seite 39.

[24] James Bryan Smith: «Das Biest in uns», in: «Aufatmen», 1/1997, Seite 26.

[25] Wilhelm Schmid: «Mit sich selbst befreundet sein», in: «Psychologie heute», 1/2005, Seite 48ff.

[26] William Backus, a.a.O., Seite 146f.